4
帝国残阳

方寄傲 编著

浙江工商大学出版社
ZHEJIANG GONGSHANG UNIVERSITY PRESS
·杭州·

图书在版编目（CIP）数据

唐史 / 方寄傲编著 . —杭州：浙江工商大学出版社，2022.9

（有料更有趣的朝代史 / 胡岳雷主编）

ISBN 978-7-5178-4842-4

Ⅰ．①唐… Ⅱ．①方… Ⅲ．①中国历史—唐代—通俗读物 Ⅳ．① K242.09

中国版本图书馆 CIP 数据核字（2022）第 022895 号

唐 史
TANG SHI

方寄傲 编著

责任编辑	沈明珠
责任校对	熊静文
封面设计	吕丽梅
责任印制	包建辉
出版发行	浙江工商大学出版社
	（杭州市教工路198号　邮政编码310012）
	（E-mail: zjgsupress@163.com）
	（网址：http://www.zjgsupress.com）
	电话：0571-88904980，88831806（传真）
排　　版	北京东方视点数据技术有限公司
印　　刷	唐山富达印务有限公司
开　　本	787mm×1092mm　1/32
印　　张	28
字　　数	624 千
版 印 次	2022 年 9 月第 1 版　2022 年 9 月第 1 次印刷
书　　号	ISBN 978-7-5178-4842-4
定　　价	198.00 元（全四册）

版权所有　侵权必究

如发现印装质量问题，影响阅读，请和营销与发行中心联系

联系电话　0571-88904970

目 录

第一章 昙花一现,再建盛世的努力
  搬起石头砸自己的脚 _ 003
  同行是冤家 _ 008
  削藩不成蚀把米 _ 013
  猫尾巴不能踩 _ 018

第二章 永贞革新,乌云正在逼近
  瘫痪也不能阻挡登基的脚步 _ 025
  新皇帝,新风尚 _ 030
  二王八司马 _ 036
  谁杀死了皇帝 _ 041

第三章 元和中兴,朝廷对藩镇的短暂胜利
  第三天子 _ 049
  别逼朝廷对付你 _ 055
  削藩并不难 _ 060
  失败的成功暗杀 _ 065
  一死成谜 _ 071

第四章 穆、敬二朝,国运在儿戏中倾颓
  太子与皇后不可兼得 _ 079
  打马球也会出人命 _ 084
  死于宦官之手的皇帝 _ 090

第五章　甘露之变，扫除宦官的失败努力

他也曾经有理想 _ 099
零分作文 _ 104
苦涩的甘露 _ 109

第六章　会昌中兴，在困局之中异军突起

不得不死的太子 _ 117
大权是我的，你不能抢 _ 122
唐武宗拆寺 _ 128

第七章　宣宗之治，最后的希望之光

装傻装出来的皇位 _ 135
小太宗 _ 140
把寺庙再建起来 _ 145

第八章　盛世末路，起义蜂起的乱局

宦官选天子 _ 153
众人皆醒我独醉 _ 157
一切为了回家 _ 161
骨灰级玩家唐僖宗 _ 169
满城尽带黄金甲 _ 174
皇帝的避难所 _ 180
被墙头草坑了一把 _ 184

第九章　日落长安，众叛亲离的大唐残照

冷庙烧香 _ 191
喝酒喝出仇人来 _ 194
被宦官囚禁的皇帝 _ 199
二虎相争，朱温得利 _ 204
哀皇帝，很悲哀 _ 209
帝国日落 _ 215

第一章

昙花一现,再建盛世的努力

搬起石头砸自己的脚

大历十四年（公元779年）五月，唐代宗李豫因病薨逝于长安宫中，时年五十八岁。代宗死后，皇太子李适遵遗旨在父亲的灵前即位，次年改元建中，这便是唐朝历史上第十位皇帝——唐德宗（除殇皇帝李重茂外）。

德宗李适于天宝元年（公元742年）四月十九日生于长安的大内宫中，是唐代宗的长子，唐肃宗的长孙。天宝年间的唐朝正处在鼎盛的局面之中，可谓是"鲜花着锦，烈火烹油"，幼年的李适作为帝国的皇子更是享尽了这盛世繁华。但物极必反，经历了极度的奢华过后，唐朝终于迎来了一场亘古少见的大灾难，那就是安禄山和史思明在天宝十四载（公元755年）发动的叛乱。那一年，李适只有十四岁。

"渔阳鼙鼓动地来"，这场叛乱随着时间的推移变得愈发不可收拾。到了天宝十五载（公元756年），唐玄宗眼见局势不能控制，不得已只得带着皇室成员们从长安逃亡四川，而年幼的李适就在其中。李适在帝国的盛衰之中度过了自己的童年和少年时期，饱尝战火和家国之痛的他比其他的皇帝更能体会民生之苦。

广德二年（公元764年）正月，李适以皇长子身份被立为皇太子。李适这个太子之位虽然来得顺利，但也并非名不副实。早在唐代宗即位之初，他就封李适为天下兵马元帅，率军前去征讨安禄山和史思明的叛军残部。李适此时虽然经验尚浅，但还是没有辜负父皇的重托，顺利完成了任务。叛军平定之后，李适官封尚书令，并和郭子仪等人图入凌烟阁，成为大唐帝国的万世功臣之一，可见李适本人在行军打仗方面还是有一定的能力的。

刚刚即位的唐德宗还在服丧期间就迎来了一次"考验"，也正是因为这次事件使他收获了他在位期间的第一位新宰相——崔祐甫。这件事的起因很简单，代宗死之前在遗诏中有"天下吏人，三日释服"的要求，意思是说臣子们在他驾崩之后，为了不耽误国家大事的处理，只需为他服丧三日即可。但宰相常衮认为臣子们为表对先帝仁爱的感激，也应该像皇子们一样服丧二十七天。不仅如此，他还以身作则，在灵前不时放声大哭，让其他的人都进退两难，不知如何是好。

不管是出于什么原因，常衮如此怀念和尊敬代宗本是无可厚非的，但如果所有的大臣都像他一样，未免会影响国事的处理，更何况他的这些做法在别人眼中未免有些矫情和做作。为了这件事，当时的中书舍人崔祐甫就和他发生了争执，于是举朝上下就臣下们的"丧服期限"展开了讨论。

朝会上，常衮坚持自己的看法，他认为当初汉文帝将臣子服丧三年的古制改为三十六日，那是为了从权变通。从本朝开始，臣下只需为君主服丧二十七天。虽然当年玄宗、肃宗也在遗诏中说臣下"三日释服"，但当时的臣子们也是二十七天之后才除去丧服。正因如此，代宗朝的臣子们也应照例为先帝服丧二十七日。

虽然常衮振振有词，但崔祐甫也有自己的看法，他认为先帝在遗诏中说，"天下吏人，三日释服"，因此应该尊崇先帝的遗志，三天之后除服。常衮和崔祐甫二人一人出于"情"，一人出于"礼"，双方你来我往，闹得不可开交。常衮见崔祐甫态度强硬，丝毫没有退让之意，便率先将这件事告知了德宗，他说崔祐甫轻易改变礼法，有悖为臣之道，希望德宗下旨把他贬为潮州刺史。唐德宗听了常衮的奏报后非常震惊，但崔祐甫所说也是为国事考虑，不无道理。

那么身为一朝宰相的常衮为什么偏偏和一个小小的中书舍人过不去呢？原来他二人早在代宗朝便有过节。常衮此人虽然刚正，但喜欢擅用职权，虽为宰相，却喜欢斤斤计较。崔祐甫刚任中书舍人的时候，常衮就经常利用宰相的权势来干涉他的工作。

崔祐甫是个不畏权势的人，对于常衮的做法，他更是不以为然。为了刁难崔祐甫，常衮让他管理吏部选官的事宜，但对于他每次上报的人选，常衮不仅不予赞同还经常斥责崔祐甫，说他选人不当。又有一次，幽州节度使朱泚的手下赵贵的家中发生了一件奇怪的事，"猫鼠同乳而不相为害"。猫和老鼠本来是水火不容的天敌，又怎么会相处甚洽呢？且不管这件事是真是假，朱泚也是深以为罕，便将这件事作为一件祥瑞之事上表了朝廷。

闻得出现祥瑞，初为君主的唐代宗自然也是十分欣喜。常衮见龙心大悦，便率领百官向天子祝贺。此时，崔祐甫又"独树一帜"，他认为"猫鼠同乳"是违反常理的，是不祥之兆，根本不值得庆贺。不仅如此，他还向皇上上书道，"须申命宪司，察听贪吏，诫诸边境，无失儆巡"。崔祐甫的说法得到了代宗皇帝的认可，这无疑就是对常衮的一个巨大的讽刺。因为这件事，常衮对崔祐甫的偏见和恨意愈发加深了。

常衮和崔祐甫之间的瓜葛，唐德宗显然是不知情的，但对于一个刚登基不久的帝王来说，如何处理眼前的这件事可以说是对他的一个"考验"。此事一旦处理不好，不仅会使忠良的臣子受到冤屈，更严重的是会影响君王在臣下们心中的形象。经过多番考虑，唐德宗采取了一个折中的办法，他并没有听取常衮的意见将崔祐甫贬为潮州刺史，而下旨将崔祐甫降职为河南少尹，以此作为他"轻论礼制"的惩罚。

常衮的做法本来就有很多人看不过去，只不过是崔祐甫率先站了出来。如今常衮又添油加醋地向皇帝告状，这更是引起了很多大臣的不满。再加之崔祐甫此人为人刚正，在朝中上下很有口碑，所以降职的诏书一下发，就引起了朝臣们的议论。就在德宗左右为难的时候，一封奏疏使这件事情发生了转机。

原来此时朝中虽是常衮主政，但依据唐朝三省共同审理政事的原则，朝中还有两位宰相，那就是德高望重的汾阳王郭子仪和大将军朱泚。这二人虽然不太干预朝政，但遇事时奏章还是需要三人联合署名方能上奏君主。因为当时常衮是在政事堂处理事务，所以都是由他代郭子仪和朱泚署名，但此次弹劾崔祐甫之事，常衮并没有知会郭、朱二人，只是为了意气之争擅作主张。所以贬斥崔祐甫的诏书下发之后，郭子仪和朱泚便联名上书力保崔祐甫无罪。

看着郭子仪和朱泚的奏疏，唐德宗一头雾水。他召来二人说道："卿等早先说崔祐甫有罪，现在又言其无罪，这到底是为什么？"郭、朱二人对皇帝说当初常衮弹劾崔祐甫之事，他二人并不知情。德宗听后大怒，如此一来，常衮不仅是欺君罔上，独断专行，而且还利用职权之便诬告同僚，罪不可恕。德宗大怒之后，局势一时天翻地覆，宰相常衮在众目睽睽之下被贬斥到潮州，而崔祐甫则被调回长安担任门下侍郎、同平章事，职同宰相。

崔祐甫一朝之内位极人臣固然让人羡慕，但"伴君如伴虎"的道理也是众人皆知，一着不慎，谁知明日又是什么下场呢？回京途中的崔祐甫陷入了深深的忧虑之中，他本来就是个刚正不屈的人，更不会为了权势取悦主上，一旦入朝为相，以他的性格势必会引发很多争端。

唐德宗在少年时期经历的苦难使他立志做一个有所作为的君王，而此时他新君登位，信心满满，精力尤其充沛，再加上他对国家政事充满了抱负和激情，正是他大展拳脚的时候。于是在崔祐甫进京之后，唐德宗便马不停蹄地召见了他，向他询问治国良方。崔祐甫毕竟是两朝的臣子，对于代宗时期的种种弊端，他更是深有体会。面对唐德宗的询问，他从容地答道："陛下君临天下，首先应该将前朝的旧弊一一革除，只有开创新风才能有治世的指望。"

崔祐甫此言正中唐德宗下怀，便问他对于"革除旧弊，开创新风"有什么具体的计策。崔祐甫答道："皇上首先要做的是广开才路，选拔有才能之人。因为只有人才充裕，国家才能兴旺。前朝常衮为相之时，为了防止天下人贿赂官员的弊病，所以规定非登科第者不得进用，这是因噎废食，因小失大。"

唐德宗又问他道："朕近来罢除了梨园和宫廷乐工三百余人，并下旨免除了四方对皇宫的进献，不知天下反应如何呢？"崔祐甫答道："陛下此举可谓是民心大悦，如今朝野内外，俨然是耳目一新。尤其是陛下下旨免除四方贡献一事，臣在入京途中，就听过往行人说过。听说现在河北各藩镇的士兵都感叹陛下是明主出世，不敢再有反意了。"

听了崔祐甫的禀报，唐德宗大喜过望。在他的心中，重振帝国雄风的决心又进一步加强了。在唐德宗君臣的携手努力下，大唐王朝就将迎来翻天覆地的变化。

同行是冤家

德宗朝虽然不像"贞观""开元"时期一样人才济济，但也有一大批有才有德之士。在这段时期，除了有因推行两税法而闻名天下的杨炎之外，还有一位因财政而得名的大臣，那便是刘晏。

杨炎和刘晏之所以产生过节，还要追溯到代宗末年的元载之死。元载是代宗朝的宰相之一，他曾经帮唐代宗诛杀了当时的大宦官鱼朝恩，对朝廷有不可磨灭的功勋。可能是因为居功自傲，也可能是因为信奉道家的及时行乐思想，元载到了代宗后期便有些狂妄，为人所不服。元载的狂放和有意结党的行为最终传到了代宗皇帝的耳中，代宗于是下令命左金吾大将军吴凑缉拿了元载，并命刘晏主理此案。

元载对杨炎有过知遇之恩，所谓"滴水之恩，当涌泉相报"，何况元载之于杨炎的恩情呢？更重要的是，杨炎因为此事受到了牵连，从天子近臣转眼间被贬斥到穷乡僻壤。杨炎的心情可想而知，于是他把所有的仇恨很自然地转嫁到直接导致这个结果的刘晏身上。

但从事实来看，刘晏对于元载一案是不该负有太大的责任的，当时他负责审理此案也不是出于自愿，但皇帝的旨意又有谁能够推诿呢？作为主审的大臣，为了保证结果的公正性，刘晏还特意向代宗请旨，希望皇帝能派其他的官员和他一起审理元载一案。元载被诛原是源自政治上的需求，而最后的定罪也是由皇帝的近侍们完成的。

早在杨炎回到长安的时候，他就因为当年元载的事在政事堂与刘晏不合，且处处为难刘晏。刘晏身处官场多年，又怎会不知杨炎的用意所在呢？但对于这件事，刘晏或许认为只是杨炎的情感因素在作怪，只要不去与之发生正面冲突，相信也不会引发什么太大的事端。但这次刘晏的想法发生了偏差，常言道"宰相肚里能撑船"，杨炎却不是一个诸事不计较、以德报怨的人。

当时的刘晏总领大唐的财政，度支、租庸、盐铁等职责，可谓是位高权重。虽然手中的权力令人羡慕，但"高处不胜寒"，处在风口浪尖的他就算做得再出色也不免会引起他人的议论和指责。这些本都是难以避免的，但杨炎却将这些议论作为攻击刘晏的依据。

杨炎先是向德宗皇帝上书，认为刘晏所担任的职权过重，难免会引起众人的猜测，所以建议皇帝将部分财政大权收归户部所有。从表面上来看，杨炎不仅是为了国家着想，也是为了刘晏的名誉考虑，根本无可非议。但就当时的形势来看，唐朝的财政状况很不容乐观，如果不是刘晏的多年运作，情况只会更糟，这一点相信杨炎也是心知肚明的。尽管如此，凭借着皇帝对自己的信任，杨炎最终还是成功了。

削弱刘晏的权力，使其不能在政治上与自己抗衡，这是杨炎计划中的第一步。在这之后，杨炎并没有停止自己复仇的脚步，而是一步步地将刘晏推进了深渊。杨炎深知刘晏在道德品质方面是无懈可击的，于是他便采取了另一种方法，就是制造舆论，称刘晏"图谋不轨"。杨炎在朝堂上公开抨击刘晏，称其参与过代宗当年立韩王李迥的生母独孤氏为皇后的事，并说他与刘忠翼等人合谋，想要谋朝篡位。

当时崔祐甫和崔宁等人都在场，对于刘晏的人品，朝臣们都是心知肚明的，所以崔祐甫首先站出来为刘晏辩解。崔祐甫说道："立韩王母妃为后之事已是前朝旧事，本就毫无根据，况且刘忠翼等人勾结之事也是无实据的，如今陛下已经下旨大赦天下，不应该再追究这些子虚乌有之事。所以这件事，臣等还是企望陛下能慎重处理。"而对于崔祐甫的话，本就对杨炎不满的朱泚和崔宁也表示赞同。

眼见局势向刘晏倒去，杨炎马上站了出来，他声色俱厉，坚持自己的看法，并扬言自己身为宰相，如果不能公正地处理这件事，就是罪该万死。唐德宗本来疑心病就较重，听杨炎如此坚持，一种被人欺骗的感觉瞬时间便笼罩了全身。没有经过周密的思考，盛怒之下的唐德宗马上下旨，将刘晏贬为忠州刺史。杨炎的目的达到了，但他依旧没有罢手，刘晏离京之后，他又向德宗请旨，希望朝廷派庾准为荆南节度使。

庾准之事表面上和刘晏没有任何关系，但杨炎之所以做出这样的安排是有其深意的，他的最终目的就是置刘晏于死地。庾准本来是王缙的门人，也是因为王缙的关系才官至中书舍人。王缙和元载关系非凡，当年因元载一案被贬，再加上他这人没有什么才华，为世人所讥讽，被贬之后，仕途更是无望了。德宗即位之后，庾准蒙圣恩官至司农卿，他一直以来都和杨炎交往甚密，所以他对刘晏的恨和杨炎对刘晏的恨比起来可谓是有过之而无不及。刘晏被贬的忠州在荆南节度使的管辖范围之内，接到调令的庾准明白此次是"一雪前耻"的大好机会，所以在临行之前，他还特意到杨炎府中拜谒。

杨炎这次联合了庾准，利用的还是相同的罪名，那就是咬准了刘晏谋反。在封建王朝，谋反是不可饶恕的大罪，刘晏一旦被证明有谋反之实，那被处死就是不可挽回的了。有了杨炎的支持，庾准上任后不到半年，就向德宗上书，说刘晏准备在忠州起兵谋反。再加上杨炎在朝中的配合和响应，刘晏的谋反之罪就从子虚乌有变为确有其事了。

可能德宗当时太过震惊，已经失去了判断能力，他竟然没有和大臣们商议就派出密使杀了刘晏，其后才将此事诏告天下。从杨炎上述的种种行为来看，他对刘晏的报复行为是有计划、有目的的，并不是毫无章法，一味地为了满足自己心中复仇的快感。在打击刘晏的同时，他尽可能地将自己置于一个安全地带，将这一系列的复仇之举进行得如此迅速而又尽量不留痕迹。

但纸终究包不住火，杨炎在朝中处处为难刘晏，这事很多朝臣都看在眼里，如今刘晏被冤杀，大家都明白是杨炎从中唆使。所以刘晏因谋反罪被杀的诏书下发之后，朝廷上下都陷入了议论之中。

朝臣们为刘晏打抱不平，除了维护正义的目的，还有就是从这次的事件中感到了危机，像刘晏这样有功无过的大臣尚且遭受到这样的待遇，何况于他人呢？对于朝中的议论，杨炎本来是不放在心上的，但事情的严重性就在于，一些驻扎在藩镇的节度使也开始因为这件事而惴惴不安，生怕刘晏的今天就是他们的明天，例如淄青节度使李正己就按捺不住，接连上书责问刘晏到底因何被诛杀。

藩镇的压力使得杨炎不得不采取措施，然而面对强大的舆论压力，他首先想到的就是推卸责任，但聪明一世的他此时却糊涂一时，居然将刘晏的死归咎到唐德宗的身上。不仅如此，他还派出自己的心腹到各地去告知节度使们，称刘晏被杀与自己无关，是唐德宗因代宗当年改立皇后之事记恨刘晏。杨炎这么做无疑是自掘坟墓，这也就注定了他最后不得善终的悲惨结局。

虽然这些事都是杨炎的秘密行动，但最终还是传到了唐德宗的耳中。当初是杨炎力保刘晏有罪，如今面对议论，他却如此推卸责任。杨炎的态度和做法让唐德宗怒不可遏，纵使他以往再信任、再宠爱杨炎也是枉然了。

"一去一万里，千知千不还。崖州何处在？生度鬼门关。"唐德宗下令将杨炎贬为崖州司马，崖州地属今天的海南，路途险阻，将杨炎贬到此地，可见德宗心中对杨炎的恨意了。但悲剧并没有就此终结，等到杨炎离开京城之后，唐德宗的怒气还没有消散，随即又下旨将他赐死。正所谓"冤冤相报"，元载的死和刘晏本来关系不大，倘若杨炎能够豁达一些，也就不会造成这样的结局了。

削藩不成蚀把米

经过了肃宗朝和代宗朝的发展，到了德宗时期，藩镇割据的状况进一步加重，各地的节度使们拥兵自重，势力非常强大，随时都有可能威胁到中央政权的统治。唐德宗即位之后，一直试图改变这种状况。为此，他采取了很多措施，其中最有力的就是武力削藩。

在唐中后期的藩镇中，以河北道的魏博、成德、幽州三镇的势力最为强大。这三镇的节度使都和当年引发安史之乱的安禄山有很深的渊源，例如成德节度使李宝臣就是安禄山的义子，幽州节度使李怀仙也曾经参加过安禄山的叛军。即使如此，为了安抚地方势力，在安史之乱后，朝廷还是不得不将这些人册封为节度使，可见唐朝到了中后期，中央的实力是多么衰微。虽然这样的做法存在着较大的风险性，但幸运的是，自肃宗朝以来，这几个藩镇还相对太平，并没有闹出什么大的争端。

除了河北三镇外，齐鲁之地的淄青镇实力也不容小觑。淄青节度使原本是侯希逸，但后来被他的表弟李正己所驱逐。淄青从代宗时期开始就是对抗朝廷的一股强大力量，也是当时朝廷防范的重要对象之一。但奇怪的是，唐德宗即位之后，李正己却表现出了和往常不一样的态度。他主动派出使者到都城觐见德宗皇帝，还表示愿意向皇帝进献铜钱三十万缗，以表他和淄青的将士、百姓对新君的敬仰之情。

李正己不合常理的殷勤自然引起了唐德宗和朝中大臣们的怀疑，宰相崔祐甫首先站出来表示绝对不能接受李正己进献的钱财。在崔祐甫看来，李正己只不过是想借此机会试试新登基的皇帝对藩镇的态度，可以说"司马昭之心，路人皆知"。唐德宗虽然也明白这个道理，但又害怕拒绝会惹怒李正己而引发事端。最后还是崔祐甫化解了这个尴尬局面，他建议德宗将这三十万赏赐给淄青的将士，这样不仅不会拂了李正己的面子，还维护了皇帝在百姓心中的仁君形象。

对李正己事件的处理展现了崔祐甫出色的处事能力，从这件事也可以看出唐德宗还在积攒实力，这么做只不过是暂时的妥协，为以后的削藩做好完全的准备。除了想尽办法安抚各地的节度使外，唐德宗还做了一件事，那便是解除了大将郭子仪和崔宁的兵权，其后又解决了一些小的叛乱，稳定住了西北地区的局面。准备工作完成得差不多之后，唐德宗就要开始大刀阔斧地实施他心中酝酿已久的削藩大计。在他的计划中，首先要除去的就是为患已久的河北三镇。就在不久之后，改革的机会便适时地到来了。

按照朝廷以往的规定，各地的藩镇由节度使控制，节度使不仅拥有强大的地方管理权，还拥有大量的土地。节度使死后，他们的子嗣有权继承他们的职位和土地还有其他的一切特权。之所以当初有这样的规定，也许是为了安抚各地的节度使，使他们为朝廷效力并使其有所依靠，避免引发争端和叛乱。但随着藩镇势力的扩大，这样的制度便引发了许多弊端。

首先，这些节度使的职位代代相传，使得家族势力在地方生根发芽，很多地方的百姓只知有藩镇，不知有朝廷。这样一来，越来越多的节度使就不像原来那样听从朝廷的号令，自成一家，中央政权对地方的控制力大大减弱。

其次，原本从中央派到各地的节度使都是经过朝廷甚至是皇帝亲自挑选的人才，对于地方的管理和统治都起到了不可忽视的作用。但这批节度使陆续死去，他们的后代却并非每个都继承了祖上的才能，其中也不乏碌碌无为之辈，这就违背了当时朝廷选派节度使驻扎地方的初衷。

建中二年（公元781年）的正月，河北成德镇节度使李宝臣病死。李宝臣死后，他的儿子李惟岳秘不发丧，向朝廷上表请求继承父亲的职位。本来按照常理，这件事情很快就能得到批复，但让李惟岳吃惊的是，唐德宗一改代宗当年对藩镇姑息的政策，竟然拒绝了他的请求。朝廷坚决的态度让李惟岳大为恼火，生气的同时，他也意识到皇帝要削弱藩镇势力的决心。为了维护自己的利益，李惟岳联合了山南节度使梁崇义、淄青节度使李正己等各地的节度使，武力对抗朝廷。

虽然这次的叛乱范围比较大，但唐德宗应该心里早有准备。李惟岳等人发动兵变的消息传到朝廷之后，唐德宗毫不示弱，马上就将驻扎在京西的一万多兵力调到关东抵抗。为了壮大中央军的声势，他甚至亲自在长安设宴犒劳去前方征讨叛军的将士。虽然地方势力来势汹汹，但毕竟势力不敌中央政权，很快便纷纷败落下来。李惟岳最后被自己的部将王武俊杀死，李正己父子一个病死，一个被打得大败。眼见局势完全倒向中央政府，驻守在成德镇的大将张忠和主动向朝廷投降。

各地的削藩战争节节胜利，就在唐德宗觉得大计就要成功之时，局势陡然发生了逆转。原来唐德宗在削藩的过程中，不仅征调了中央的军队，还利用藩镇的军队来攻打藩镇。这一做法不仅触犯到了各地藩镇的权益，还使得节度使们的危机感与日俱增，他们认为，李惟岳等人的今天或许就是他们的明天。建中三年（公元782年）年末，驻守在淮西的节度使李希烈自封为天下都元帅，称建兴王，并联合卢龙节度使朱滔（称冀王）、淄青节度使李纳（称齐王）、魏博节度使田悦（称魏王）、成德节度使王武俊（称赵王）四人发动叛乱。

李希烈等人这次发动的叛乱相对于前期可谓是声势浩大，战火一下便从河北蔓延到了河南。唐德宗听闻之后大吃一惊，随着时间的推移，叛乱越来越严重，眼见东都洛阳就要落到叛军的手中了。在如此危急的局势下，唐德宗马上派大将哥舒曜率军前去征讨，建中四年（公元783年）十月，又下旨命泾原节度使姚令言率泾原兵马前往淮西助哥舒曜平乱。但出乎意料的是，在途经长安时，这支军队发生了历史上著名的"泾师之变"。

事情的起因是朝廷没有处理好部队的后勤事宜，军队士兵们所吃的糙米和素菜根本不能使他们负荷长时间的行军作战任务，再加上朝廷没有赐予他们应有的赏赐，士兵们便在生理和心理的双重压力下发生了哗变。当时愤怒的将士们将粗糙的饭菜倒到地上，放声说道："吾辈弃父母妻子，将死于难，而食不得饱，安能以草命捍白刃耶！国家琼林、大盈，宝货堆积，不取此以自活，何往耶？"姚令言见状马上上前劝阻，并许诺到了洛阳，皇上一定会有赏赐。但已经极度失望的士兵根本不听姚令言的敷衍之词，依旧向城中冲去。

与此同时，哗变后的泾原之师拥立朱泚为帝，改元应天。朱泚是此时正在反叛的卢龙节度使朱滔的哥哥，也曾经担任过泾原军的统帅，他在称帝之后便即刻率大军围困了唐德宗的避难之所——奉天。李唐王朝的实力虽说大不如前，但在全国还是有一定号召力的。皇帝在奉天被困的消息传出后，朔方节度使李怀光等人便火速率军回撤，前来奉天勤王。

奉天危机的解除也宣告着唐德宗削藩政策的失败，兴元元年（公元784年）正月，他向天下人颁布了一道"罪己诏"，称这次战乱的责任都在自己。在诏书之中，他说"朕抚御乖方，致其疑惧"，意思是说是自己的失误最终引发了各地的叛乱，而李希烈等人都是被逼无奈，完全没有责任。最终的结果是，这些参与叛乱的藩镇和节度使全部被赦免，皇帝"一切待之如初"。王武俊等人见皇帝如此，便见好就收，马上取消了自封的王号，上表向朝廷请罪。而这次的削藩之乱就以唐德宗的完全妥协而告终。

猫尾巴不能踩

好景不长,就在"泾师之变"结束后的一个月之内,朔方节度使李怀光又联合长安的叛将朱泚开始了新一轮的反叛。那么,一向对朝廷忠贞不贰的李怀光为什么会在为唐德宗解除了危机之后反而倒戈相击呢?这一切源于唐德宗对他的不信任,李怀光此次的叛变虽然罪不可恕,但唐德宗对此也有着不可推卸的责任。

唐德宗的性格中有一个很大的弱点,那就是猜忌心较重,并且遇事时往往不能自己做判断,总是依靠身边的大臣帮自己做决定。德宗这样的性格引发了很多事端,最鲜明的例子就是他听信杨炎的一面之词而将重臣刘晏诛杀。也许是历经过乱世,也许是自小就受尽了藩镇叛乱的痛苦,所以唐德宗的内心深处一直认为武将是不可信任的,必须对他们进行严格的控制。所以这次的危机虽然是在李怀光的帮助下才得以解除,但唐德宗却并不因此心怀感激,而是对李怀光的用心产生了怀疑。不仅如此,为了控制李怀光的势力,唐德宗还采取了一系列的极端措施。

唐德宗对李怀光的态度除了有自己的"心病"在作怪之外,很大程度上源于周围奸臣和小人的唆使。当初杨炎为了一己恩怨在朝中和刘晏闹得不可开交，这是所有人都看在眼里的。为了牵制杨炎的势力，唐德宗在建中二年（公元781年）的二月拜卢杞为相。卢杞为人阴险毒辣，为了自己的权益排除异己，结党营私，无恶不作。

但就是这样的奸臣不知为何却能得到唐德宗的信任，杨炎在世的时候尚且可以与之抗衡，但杨炎一死，卢杞就独掌大权，可谓是"一人之下，万人之上"。除了卢杞之外，此时环绕在唐德宗身边的还有京兆尹王翃、判度支赵赞等人。这些人终日只知逢迎主上，并不将国家大事放在心中，对朝廷和百姓的危害极大。

虽然朝廷上下有不少人都对卢杞心生不满，却是敢怒而不敢言。可李怀光根本不买卢杞等人的账，他性格粗枝大叶，遇事不多加考虑，多凭自己的喜恶。再加上他此次为皇帝解了围，言语之中就更无所顾忌。李怀光曾多次宣称是因为朝中奸臣的专权才导致皇帝遭受战乱，逃离京师。不仅如此，他还称在奉天解围之后，要请求皇上将这些奸臣诛杀，言下之意，他回京之时就是卢杞等人覆灭之日。

卢杞等人听到这个消息之后当然不会坐以待毙，他们想到的解决措施就是马上阻止李怀光面见圣上。卢杞说："怀光勋业，社稷是赖，贼徒破胆，皆无守心，若使之乘胜取长安，则一举可以灭贼，此破竹之势矣。今听其入朝，必当赐宴，留连累日，使贼入京城，得从容成备，恐难图矣！"意为收复长安迫在眉睫，如果李怀光前来奉天则会耽误大事，于社稷和百姓无益。

唐德宗本就十分信任卢杞，如今见卢杞如此为国家考虑，唐德宗更是不疑有他。于是，唐德宗改变了主意，马上下旨命李怀光率军火速与神策河北行营节度使李晟、渭北节度使李建徽以及神策兵马使杨惠元会合，马上收复长安，不必先来奉天。

皇帝的态度在短短的一天时间内就发生了如此巨大的改变，李怀光当然知道是卢杞等人从中挑唆。这件事之后，李怀光对卢杞的恨意日渐增加，他多次向唐德宗进言，称卢杞等人蒙蔽主上，祸国殃民。在李怀光的坚持下，朝中许多人也纷纷表示出对卢杞的不满，一时间舆论哗然。眼看局面难以控制，唐德宗为平众怒，只得下旨将卢杞贬为新州司马，其余等人也都被贬黜到外地。

李怀光虽然达到了目的，但事后他又十分担心。他深知皇帝贬斥卢杞等人不是出于自愿，害怕事后唐德宗会加罪于他，所以他便开始为自己谋划退路。也就是在这个时候，李怀光对唐王朝产生了反叛之心。

兴元元年（公元784年）二月，李怀光与神策河北行营节度使李晟合军，驻扎于咸阳以西的陈涛斜。为了使这些武将们相互节制，德宗封李怀光为都统，命他率部火速收复长安。但此时的李怀光却在暗中和朱泚谋划，准备和他一起瓜分大唐的天下，所以总是以兵马疲惫为理由迟迟不肯发兵。李晟见李怀光如此，心中已对其心略知一二。为了保存自己的实力，他马上上书请求将自己的部队和李怀光分开，移驻于东渭桥。

李怀光所做的一切都表明了接下来将要发生的事，逐渐感觉到危机的唐德宗也秘密地加强了奉天的守备。此时李怀光的部将赵升鸾向浑瑊密报，说李怀光准备火烧乾陵，挟持唐德宗。李怀光手下兵力强大，此时若是一味抵抗无异于是以卵击石，无奈之下的唐德宗只得又一次逃到了梁州（今陕西汉中）。

李怀光虽然来势汹汹,但他的谋反行为在军中得不到支持。唐德宗出逃之后,李怀光马上命手下将领前去追赶,但孙福达等人却故意拖延时间,最后无功而返。其后李怀光又下令进攻李晟,但军中将士不听命者占多数。就在此时,本来以兄弟互称的朱泚也改变了态度,先前他们约定共同称帝,但此时朱泚却给李怀光颁下诏书,与他君臣相称。一时间,李怀光众叛亲离,进退两难。无奈之下,他只得率领兵马东去,希望能够积攒实力,日后再图进取。

兴元元年(公元784年)七月,李晟率军光复了长安,唐德宗得以返回长安。朱泚虽败,但李怀光的兵马还在河中盘踞。到了贞元元年(公元785年)的秋天,马燧才率军收复了河中,李怀光也自尽而亡。贞元二年(公元786年)四月,李希烈被其部将陈仙奇杀死,淮西被收复。直到此时,这场藩镇之乱才算告一个段落。尽管如此,唐后期藩镇割据的局面依旧没有得到控制,在唐德宗之后,唐王朝的君主们依旧要承担接连不断的藩镇危机。

德宗年间的削藩之举之所以未能成功,其中有唐德宗个人的原因,但也与当时的政治状况有着不可分割的联系。从唐德宗本人来看,以武力手段来削藩一开始就过于极端,势必会引起节度使们的反感。但从相反的角度来思考,如果唐德宗的手段柔和一些,是不是就会取得意想不到的成效呢?

纵观唐朝的历史,在德宗之前,成功控制藩镇势力膨胀的例子不在少数,唐太宗在贞观年间的做法就是一个鲜明的例子。当年唐太宗为了削弱地方的势力,将继承祖上爵位的子弟们降级,无疑不是一种柔和削藩的手法。但德宗时期的状况毕竟不能和唐初相比,两个时期藩镇问题所引发的弊端大小也不能同日而语。如果此时的德宗不采取强硬的手段，藩镇问题不但得不到解决，反而会愈来愈严重。

所以说，唐德宗武力削藩的手段虽然有些极端，却不失为一个彻底解决问题的好方法。但唐德宗没有预料到的是，此时藩镇的军事实力已经远远超出了自己的想象，而且这些节度使往往会为了共同的利益联合到一起，共同对抗朝廷。这是历史发展到此时必然会出现的状况，并不是唐德宗的个人能力能够解决的。

武力削藩的政策使得中央与地方之间的矛盾加剧，也正是因为削藩之事，唐德宗经历了两次颠沛流离的逃亡生活，这不得不说是作为一个帝王的悲哀。这些经历都让唐德宗的心态发生了严重的改变。在这之后，他再也没有采取什么有效措施，而开始对藩镇一味姑息，他的这种消极的态度使得当时的局面和优势丧失殆尽，使自己完全陷入了被动局面。随着时间的推移，藩镇问题愈加积重难返，也给后期的藩镇叛乱埋下了沉重的隐患。

第二章

永贞革新，乌云正在逼近

瘫痪也不能阻挡登基的脚步

贞元二十一年（公元805年），唐德宗李适薨逝，享年六十四岁。死后葬于崇陵，谥号"神武孝文皇帝"，庙号"德宗"。唐德宗在位共二十六年，是唐朝历史上在位时间较长的皇帝之一。

纵观唐德宗的一生，可以说是充满着悲剧色彩，他的前半生为了改革而励精图治，唯一的理想便是在自己在位期间使唐朝恢复以往的盛世气象。这位果敢的皇帝为了实现自己的政治理想采取了很多措施，但不幸的是都收效甚微。

安史之乱后，唐朝在各方面都积重难返，这是当时的社会现实，更是历史发展的局限，也是人力不可能轻易变更的。正所谓"当局者迷，旁观者清"，处在时代洪流中的唐德宗不能清楚地看到这一点，纵使他明白也无法改变现实。政治上的挫折使得这位曾经雄心勃勃的皇帝逐渐变得力不从心，于是他的锐意改革之心也在晚年逐渐消失殆尽。晚年的他宠信宦官，好敛钱财，所以得到的评价不过是"失败"二字。可以说，德宗时期的改革失败不仅仅是他的个人悲剧，更是这个时代的悲剧。

唐德宗死后，继承他皇位的是皇太子李诵。据史料记载，唐德宗共有十一个儿子，其中舒王李谊和文敬太子李謜并非唐德宗所生，所以实际上德宗的儿子共有九个。

舒王李谊本是郑王李邈的儿子，也是唐代宗的孙子。郑王去世得早，所以李谊很小就失去了父亲。德宗看李谊孤苦，就将他收作自己的儿子，因为当时德宗还没有子嗣，所以李谊在名义上就是长子。

至于文敬太子李謜则是李诵的儿子，从血缘关系上来说是德宗的孙子，但因德宗特别钟爱于他，所以也当作自己的儿子。除了李谊和李謜外，在剩下的九个儿子中，宣王李诵为其长子，生于肃宗上元二年（公元761年）正月。代宗大历十四年（公元779年）六月，李诵被册封为宣王，德宗登基后的一年内又以长子的身份被册立为皇太子，成为大唐的储君。

本来皇长子继承皇位是完全符合"嫡长制"的继承传统的，但唐顺宗这个皇位却来之不易。因为父亲唐德宗在位时间较长，所以李诵前前后后做了二十六年的太子。建中元年（公元780年）他被册封时是十九岁，到了贞元二十一年（公元805年）即位时，顺宗已经四十四岁了，这在历朝历代即位的新君中也算得上一个特例了。

在史书的记载中，顺宗李诵是个"慈孝宽大，仁而善断"之人。他在当太子的时候爱好学习各种技能，对书法尤为钟爱，写得一手好字。每当唐德宗赐予臣下诗作时，几乎都是让太子执笔的。李诵不仅精通文墨，更为可贵的是他武艺出众且勇气过人，当年的奉天保卫战就有他的一份功劳。建中四年（公元783年），长安暴发了"泾师之变"，唐德宗仓皇地向奉天逃窜，负责断后的就是太子李诵。

后来奉天告急,也是他身先士卒,率领将士们守城抗敌。就在奉天即将失陷之时,李诵亲自到城门上督战,还为受伤的士兵包扎伤口。因为李诵的努力,军心受到了极大的鼓舞,将士们无不奋勇抵抗,终于取得了战争的胜利。

李诵在其二十六年的太子生涯中最为可贵的就是为人不张扬,事事都小心谨慎。但纵使他再小心,由于皇位这个巨大的诱惑,还是有很多人想尽办法来陷害他,目的就是取而代之。在这些事件中,尤以发生在贞元三年(公元787年)八月的郜国大长公主之狱影响最大。

郜国公主是唐肃宗的女儿,所嫁的驸马名叫裴徽,因为裴徽早死,后又嫁给萧升。郜国公主与萧升有一个女儿,因为和李诵年纪相当,就亲上加亲,许给李诵做了太子妃。因为是当朝公主,又是太子的岳母,郜国公主经常无所顾忌地出入东宫,并和当时的太子詹事李昇等人交往甚密。驸马萧升去世得早,郜国公主两度丧夫,心情十分沮丧。可能是对生活失去了信心,她居然和彭州司马李万等人私通。这件事的确是皇室的一大丑闻,但就是有一些小人无端生事,将这件事情牵扯到了皇太子的身上。

晚年的德宗对宦官极其宠信,但太子十分看不惯这些仗着权势嚣张跋扈的宦官,对他们从来没有好脸色。这些宦官在宫中多年,深知皇室的规矩,现在太子这般厌恶他们,等到太子继承了皇位,他们的下场就可想而知了。所以为了保证自己的未来,这些宦官秘密商议想要让德宗另立储君。正当他们苦于没有借口的时候,发生了郜国公主之事。这些人不但向皇帝告发了郜国公主的"淫乱",还称她在宫中行"巫蛊之术"。"巫蛊"在皇室是一个很敏感的话题，历朝历代宫廷之人只要沾上了"巫蛊"的嫌疑，几乎都没有什么好下场。

德宗听闻这件事之后大为震惊，马上召太子前来问话。李诵自然知道父亲召他前来所为何事，为了洗刷自己的冤屈，他主动请求废除自己的太子妃萧氏。这件事虽然是子虚乌有，却使得德宗父子之间产生了隔阂，自此之后，德宗便动了废除太子，改立舒王为嗣的心思。有了这个想法之后，德宗召来了宰相李泌前来商议。

李泌是三朝元老，在德宗面前还是有一定地位的。听了德宗想改立子嗣的想法后，李泌坚持认为此事不妥。不仅如此，他还举了因太子废立引发祸端的例子来劝谏皇帝，最终使德宗打消了这个念头。经历了郜国公主一事之后，李诵变得更加小心谨慎。之前他还敢于表达自己的政见，但这件事后，凡事都不敢顶撞父亲。

和其他的皇子不一样，李诵到了德宗后期便患有严重的疾病，身体状况一直很不好，根本不能承担繁重的政务。据《旧唐书·顺宗本纪》记载，唐德宗在贞元二十年（公元804年）就患上了中风，后来甚至到了不能说话，不能行走的地步。

德宗病危的时候，诸位皇子都在父亲身边侍奉汤药，唯独太子李诵因为身体有病不能前来。德宗在临死之前因为想见太子而不得见，涕咽久之。更为严重的是，由于皇帝去世时太子不在身边，所以朝中就皇位的继承人究竟是谁这个问题引发了一场争执。关于此时的帝位之争，《资治通鉴》中有如下记载：

"（正月）癸巳，德宗崩；仓猝召翰林学士郑絪、卫次公等至金銮殿草遗诏。宦官或曰：'禁中议所立尚未定。'众莫敢对。次公遽

言曰：'太子虽有疾，地居嫡嫡，中外属心。必不得已，犹应立广陵王；不然，必大乱。'纲等从而和之，议始定。次公，河东人也。太子知人情忧疑，紫衣麻鞋，力疾出九仙门，召见诸军使，人心粗安。"

可见当时反对李诵，拥立广陵王李纯的应该就是以刘贞亮为首的宦官集团。他们的目的很明确，就是为了保住自身的利益。

李诵此时虽然卧病在床，但他也知道这是一个关键时刻。为了保住自己的皇位，他拖着病体召见了禁军的首领们。贞元二十一年（公元805年）正月二十四日，朝廷公布了立太子李诵为新君的遗诏。

两天之后，李诵在太极殿即皇帝位，改元永贞，是为唐顺宗。事情发展到了这个地步，还是有很多将士怀疑即位的人到底是不是太子，等到他们目睹唐顺宗登上皇位时，才喜极而泣地说道："那真是太子！"从这些卫士的表现也可以看出一点，那就是李诵在当时还是颇得人心的，只是因为他自身患有疾病，在即位的关键时刻没能出现在公众的视线之中，才造成了恐慌，也给了宦官们一个可乘之机。好在顺宗终于继承了皇位，那么朝廷上下的疑虑就自然而然地消除了。

新皇帝，新风尚

唐顺宗的病情并没有因为即位之事的顺利进行而好转，随着时间的推移，他的中风越来越严重，面目扭曲，身体不能动弹，只能靠点头和摇头来处理政务。贞元二十一年（公元805年）三月二日，新即位的唐顺宗第一次召见了百官，大臣们见皇上病体如此，也没有人敢当面奏事。既然皇帝不能理政，那么大权自然而然地落入了原来的东宫集团的手中。对于王叔文和王伾等人来说，一展抱负的时机终于到来了。

正所谓"一朝天子一朝臣"，顺宗即位，王叔文等人得到重用也是意料之中的事。但此时王叔文等人却要面对一个十分尴尬的问题，那就是他们的职务，也就是官衔。因为资历不够，恐不能服众，王叔文和王伾只能担任翰林学士和翰林待诏的职位。虽然职位上不是宰相，但所有的实权都是掌握在王叔文的手中，所以说此时的王叔文是以翰林之名担宰相之职。

顺宗朝这种官位和实权不相等同的现象或许在历朝历代的历史上都是极其少见的，这种尴尬的身份不仅使王叔文等人无所适从，更为严重的是影响了他们与重病皇帝的直接交流。关于此时朝中的情况,《资治通鉴》《旧唐书》《顺宗实录》等史籍中都有较为详细的记载：

"时顺宗失音,不能决事,常居宫中施帘帷,独宦者李忠言、昭容牛氏侍左右;百官奏事,自帷中可其奏。自德宗大渐,王伾先入,称诏召王叔文,坐翰林中使决事。伾以叔文意入言于忠言,称诏行下,外初无知者……辛亥,以吏部郎中韦执谊为尚书左丞、同平章事。王叔文欲掌国政,首引执谊为相,已用事于中,与相唱和。"

从中可以很明显地看出,身为手握实权的官员,王叔文却因为官职低下,奏事都要通过王伾,极为不便。为了防止大权旁落,王叔文推荐韦执谊为相。韦执谊出身望族,在前朝又颇受德宗宠爱,论资历论声望都可以胜任。但实际上,韦执谊这个宰相可以说是有名无实,只不过是负责传达皇帝的诏令而已。

除了"二王"和韦执谊外,东宫集团的其他成员如柳宗元、刘禹锡、吕温、陆质等人都得到了重用。在其后的时间内,这些大臣以"二王"为核心,颁行了一系列的改革措施,因改元"永贞",所以历史上便称其为"永贞革新"。

也有一种观点认为"永贞革新"的说法并不准确,因为唐顺宗自登基到禅位给宪宗李纯,前后还不到一年,并没有改元。而"永贞"这个年号是贞元二十一年（公元805年）八月五日,顺宗退位为太上皇的时候才定的,所以这场变革其实应称为"贞元革新",而不是"永贞革新"。

当然,这些问题都是细节上的争论,无论如何,由王叔文等人主导的这场运动的的确确是在顺宗朝发生了,而且还影响颇大。此时的唐顺宗虽然病重，却没有忘记心中造福苍生的理想，所以不遗余力地支持着这场革新运动。

"永贞革新"以贬黜道王李实为开端，包括控制财政、抑制宦官、裁减藩镇等多方面的内容，在当时产生了极大的轰动效应。道王李实是皇室成员，是道王李元庆的玄孙。他为人刚愎自用且为政十分残暴，当初在山南节度使李皋的麾下效力，身为判官却故意克扣士兵的粮饷。

对于他的这种行为，将士们十分气愤，群起而攻之，差点把他杀死。李实从山南逃出之后，凭借自己的皇室身份又获得了京兆尹一职。原以为李实会"吃一堑长一智"，做些好事为百姓造福，没想到他死性不改，反而变本加厉。

贞元二十年（公元804年），关中大旱，粮食歉收。当德宗问及京兆的情况时，李实竟然回答道："今年虽然大旱，但庄稼收成良好，并不影响秋稼。"他不仅不减轻百姓的赋税，反而为了向皇帝邀宠，继续督征租税，以此来向德宗进贡。

当时有个叫成辅端的优人，就此事编了几句歌谣，李实就说他"诽谤国政"，将他杀死。监察御史韩愈也因为此事上书弹劾他，但最终被贬职。贞元二十一年（公元805年）年初，唐德宗还是知道了京兆的灾荒情况，为了安抚受灾的百姓，他下旨免除了京兆百姓的赋税。而李实却阳奉阴违，逼着百姓卖田缴税，并因此残害了几十个百姓。二月，唐顺宗据李实的种种恶行，将他贬为通州长史。李实被贬之后，"市人争怀瓦石邀劫之，实惧，夜遁去，长安中相贺"，可见当地百姓对他的恨意。

贬斥李实本来是一件小事，却显示了朝廷一改旧弊的决心。自此之后，一系列的改革措施如火如荼地铺展开来。王叔文等人首先做的是罢黜"宫市"，这也是他们一直想做而没有做到的一件事。"宫市"这个名称产生于唐德宗后期，来源是因为皇帝任用宦官为自己采购所需之物。但后来这些宦官假借皇帝的名义在各地收揽钱财，造成了极坏的影响。唐代著名诗人白居易的名作《卖炭翁》描写的就是当时宦官盘剥百姓的真实情况，这些宦官表面上说是采买，实际上就是强取豪夺，百姓们对其都是恨之入骨。

除了罢黜"宫市"之外，"永贞革新"中还有许多内容是针对宦官的，目的就是抑制宦官的权力，防止他们专权。而在这之中，较为重要的就是罢"五坊小儿"。"小儿"指的是为宫廷的雕坊、鹘坊、鹞坊、鹰坊、狗坊服务的差役，这些人终日无所事事，专以刁难和危害百姓为乐。这些人被罢黜之后，百姓们无不欢欣鼓舞，拍手称快。

其后，朝廷又下旨释放了宫女和教坊女乐共九百人；蠲免了民间对政府的五十二万六千多贯石匹束的旧欠。为了将改革进行到底，唐顺宗还下旨废除了各地的"月进"和"日进"，为百姓减轻了负担；降低了全国各地的盐价，使百姓们不必再为买盐而苦恼。

以上措施都出现于"永贞革新"初期，完成了这些准备工作后，王叔文等人就着手向财政和军事等问题进发了。自德宗朝以来，财政问题就一直是让人头疼的大问题。财政是国家振兴的关键，德宗在位的时候虽然也对此花费了很多心思，但一直没有妥善地解决。

唐顺宗登基之后，下决心要兴除利弊，彻底解决这个棘手的问题。唐顺宗命杜佑为"度支"和"盐铁使"，主持帝国的财政。杜佑是当时的理财名臣，声望很大，唐顺宗选择他自然是经过一番深思熟虑的。为了保证财政改革政策的推行,唐顺宗又派王叔文为他的副手,表面是协助杜佑,实际是将大权掌控在当年的东宫集团手中。

控制了财政之后,要做的便是夺取宦官的兵权和抑制藩镇了,这也是所有改革措施中最为艰难的。至于到底如何进行,王叔文等人花费了很多心思,经过详细的讨论,终于达成了共识。贞元二十一年(公元805年)五月,朝廷封右金吾大将军范希朝为左右神策京西诸镇行营兵马节度使,希望借助范希朝的威望夺回宦官手中的兵权。

除了任命范希朝外,王叔文等人还任命度支郎中韩泰为左、右神策军行军司马,目的是对神策军进行控制。唐朝的神策军虽是禁军,却分别驻扎在禁中和京西北诸镇,而驻扎京西北的神策军的指挥部设在奉天。所以范希朝和韩泰接到诏令之后,便火速赶往奉天。没承想这个消息传到了宦官俱文珍等人的耳中,这些人感觉到大事不妙,马上下密令,命神策军的将士们不许听从范、韩二人的命令。等到范希朝和韩泰赶到奉天的时候,根本没有人前来拜见。至此,夺取宦官禁军兵权的计划也无果而终。

不仅夺取兵权没能成功,其后的裁抑藩镇也因为实施不利,同样宣告流产。王叔文早有裁抑藩镇,革除其弊端的想法,但一直苦于没有机会,更不知从何下手。贞元二十一年(公元805年)四月,剑南西川节度使韦皋派人来到长安,希望朝廷能够将"剑南三川"全部封给他。

对于这种无理要求,王叔文当然是严词拒绝。与此同时,王叔文也看准了这是个绝佳的机会,能够给其他的藩镇一些警示,为今后的裁抑藩镇打开缺口。所以王叔文随即与韦执谊商量,希望将韦皋的来使刘辟处死。但韦执谊和王叔文的想法不同，因为在这个问题上二人达不到共识，最终这件事也是不了了之。

以上基本上就是顺宗朝"永贞革新"的全部内容，这些措施总的来说力度都不是很大，其目的也主要是革除旧弊，并没有什么新的创新。话虽如此，"永贞革新"还是以它全新的改革姿态给那个沉闷的年代吹去了一股新风，在当时也很得百姓们的拥护。

然而，这场革新运动中的许多措施都触及了当权的大宦官和各地节度使的利益，这些人对改革派非常不满，想尽一切办法阻挠改革。再加上改革派自身后来也出现了一些问题，所以"永贞革新"和历史上很多的革新运动一样，最终不得不以失败告终。

二王八司马

从罢黜道王李实开始,逐步向财政、军事等各个方面进军,"永贞革新"就这样在王叔文等人的希冀和努力下有条不紊地进行着。但好景不长,随着时间的推移,改革派的内部也发生了一些变化,"这个集团的结构本身存在着严重的问题"。至于为什么会出现这些问题,原因有以下两个。首先,从其领导阶层来看,有人不能秉公办事,甚至为一己之争,擅用权力。关于这种现象的例子数不胜数,其中较为有名的就有当时闻名天下的刘禹锡和柳宗元。

自"永贞革新"开始后不久,刘禹锡就被擢升为屯田员外郎,负责天下的盐铁事宜。当时刘禹锡大权在握,再加之自视甚高,不免看低周围与之共事的官员。时间一久,朝中的许多大臣都受过刘禹锡的奚落和中伤,当时的侍御史窦群看不惯刘禹锡的做法,便上书弹劾。

窦群是御史台的官员,纠正官员的日常过失本是他的职责所在。刘禹锡曾经也任过监察御史,并不是不知道这一点。面对御史们的弹劾,有则改之,无则加勉,这方能显现一个大臣的风度,但最后的结果是，窦群反而因为这件事被罢官。不仅刘禹锡是如此，时任礼部员外郎的柳宗元也因和御史大夫武元衡有私人恩怨，所以便找了个借口将武元衡贬职。

核心人员都如此，手下办事的人就更不用说了。因为改革急需办事人员，光靠几个决策者是远远不够的，所以改革派掌握大权之后，就有很多的政治投机者前来投靠他们。这些人参差不齐，才能和素质并不都像核心人物一样那么出色，又有很大一部分都是靠取悦上级得以升官。但事情紧急，王叔文等人也顾不得细细甄选，然而，事就坏在这些人的身上。

如今站在客观的角度来看，这个现象的发生也是不可避免的，连著名的"王安石变法"中也有着这样用人不慎的现象。不仅如此，集团人员中也不乏有借改革之际大发横财的人，例如当时的改革派成员王伾就是个典型的例子。据说在王伾的府中立有一个大柜子，其作用就是专门储藏各地来访者送给他的贿赂。不仅王伾如此，还有不少官员成日以推行改革政策为借口，赶着车马到处收取好处，在当时造成了极坏的影响。

因为改革派自身的问题，其在当时受到的议论是可想而知的。更为严重的是，那些被打压的大臣纷纷走到了自己的对立面，和大宦官以及藩镇们一起联手对付改革派。虽然情势不容乐观，但此时的王叔文对改革还是满怀信心的，但他不知道的是，在他的身后，一贯支持改革派的唐顺宗却在此时改变了自己坚持的态度。就唐顺宗此时的心境来看，他对改革的态度已经转变为犹豫和暧昧了，毕竟"人言可畏"，疾病缠身的他整日听着那些议论之声，心下也不免对自己当初的决定产生了怀疑。

眼看皇帝方面有所松动，反对派们马上就看到了反击的希望。首先做出行动的是大宦官俱文珍，在他的反复"努力"下，唐顺宗下旨将王叔文的翰林学士之职罢免，不许他再进入翰林院。这样一来，就等于直接解除了革新运动的措施发布机构，最后幸好有王伾出面周旋，事情才有了转机，但也只不过是允许王叔文三五日出入一次翰林院。

收取宦官兵权和抑制藩镇的措施失败之后，王叔文彻彻底底地陷入了一个尴尬的局面中。因为这些措施施行不成功不仅挫伤了改革派们的信心，还提高了宦官和藩镇的警觉心，加速了他们的报复计划。王叔文毕竟是个书生，面对这样的情况，他首先想到的解决之策就是妥协。也就是从他对宦官们的态度变得低下的那一天开始，就注定了他苦心经营了多年的变革成功无望。

妥协之后的王叔文开始向宦官们解释他变革的初衷，见俱文珍等人对他的话不屑一顾，他的态度甚至逐渐变成讨好。然而俱文珍等人却不理会王叔文的示好，在他们看来，改革派的示弱正是他们彻底夺权的时机。

从一开始他们就意识到，王叔文等人之所以敢如此"放肆"，就是因为从根本上控制了整个帝国的主人——唐顺宗。经过多番考虑，他们认为，彻底推翻王叔文等人的唯一办法就是改变国家权力的格局，简而言之，就是换个皇帝。同样也是出于这个原因，王叔文等人为了保住手中的权力，也一直压制着皇帝立太子的想法。

想另立新主就得有个合理的借口，这个并没有难倒俱文珍，唐顺宗自即位以来就卧病在床，不能理政，这就是再好不过的理由。为帝国册立储君，一直以来就是国家的一件大事。唐顺宗身体状况不好，随时都有撒手西去的可能，因此，立定太子更是宜早不宜迟。俱文珍等人的建议一提出来就得到了大臣卫次公、郑绹、王涯等人的支持。

在众人的劝说下，唐顺宗终于下旨立皇长子李纯为皇太子。在李纯看来，储君地位的获得，俱文珍等人有很大的功劳，所以对这些宦官们，李纯的态度是十分友好的。他身为皇长子，再加之顺宗的身体情况，本应该早就立定他的太子之位，都是因为王叔文等人的阻挠才拖到了现在。所以在太子李纯的心中，对王叔文等人的意见是很大的。

册封太子事件使王叔文有一种穷途末路的感觉，一旦李纯即位，且不说"一朝天子一朝臣"，就以太子现在对改革派和宦官集团的态度来看，他的下场也是显而易见的。在这种难以言喻的失落感和挫败感的笼罩下，王叔文变得越发消沉，这段时间他念的最多的一句诗就是唐代著名诗人杜甫的名句："出师未捷身先死，长使英雄泪满襟。"

王叔文的消极情绪不仅从侧面加快了俱文珍等人行动的脚步，还使得改革派内部发生了裂痕。韦执谊见王叔文已无心抗争，便觉得他不是成大事之人，于是二人之间产生了分歧。气急败坏的王叔文居然扬言要杀了冲撞他的韦执谊，王叔文对待当日同僚的这种态度使改革派众人对他逐渐失去了信心。自此之后，这个集团逐渐变成一盘散沙，再无任何作战能力。

改革派分裂之后，局势以越来越快的速度向宦官集团倒去。毫无疑问，掌控了大权之后的俱文珍等人接下来要做的就是把王叔文等人一个个地清除出中央。眼见大势已去，王叔文主动上书辞官，理由是要回家为母亲丁忧。但王叔文并非完全放弃了一切，按照他离开长安之前的议定，王伾在王叔文走后请求追回王叔文，并拜他为相。这一招"以退为进"并没有达到预期的效果，王叔文的离开是宦官们日夜盼望的，怎么会再将他召回呢？在王叔文之后，改革派的另一核心人物王伾，也因病辞去了官职。

有人说："二王的退隐，等于宣布了革新集团的全面失败。"的确，王叔文和王伾一走，整个朝廷马上变成了宦官们的天下。俱文珍等人以迅雷不及掩耳之势全面实行了夺权计划，他们首先要顺宗把监国的权力赐予太子，目的是日后好代替唐顺宗。过了不久，他们又逼迫唐顺宗退居二线，由太子李纯继承皇位。可怜的唐顺宗此时重病缠身，根本没有任何能力与之抗衡，几乎等同一个任人摆布的傀儡。

唐顺宗退位之后，太子李纯登上了皇位，是为唐宪宗，尊称顺宗为太上皇。新君登基后，革新派马上就遭受了大清洗，王叔文和王伾虽然已经辞官归家，但还是受到了最严厉的惩处，二人都被贬黜，王伾病死，王叔文被赐死。除了"二王"之外，革新派其他的核心成员也纷纷被贬到偏远的地区做司马，这八个人分别是刘禹锡、柳宗元、韦执谊、陈谏、韩泰、韩晔、凌准和程异，这就是唐朝历史上著名的"二王八司马事件"。"二王八司马事件"的发生象征着为时仅八个月的"永贞革新"彻底落下了帷幕，这场如昙花一现般的改革运动留给后人的是无尽的回忆和反思。

谁杀死了皇帝

"永贞革新"进行了八个月就草草收场，那么到底是什么原因使得这场革新运动这么快就落下了帷幕？从浅层次来看，造成运动最终失败的原因不过有二，一是来自于内，二是来自于外。

从内部原因来看，集团成员内部本身就有许多问题，再加之其核心领导者王叔文的书生之气，面对宦官们的挑战只知消极抵抗，最终丧失了主动权。从外部原因来看，这次革新所要打击的势力，如宦官和藩镇根本没有受到任何的损害。从改革开始的那一天起，他们就有计划有目的地开始了一系列的抵制和报复行动，而且次次击中要害。不仅如此，连改革派自身出现的失误也成为他们利用的把柄。

引起宦官们愤怒的原因很明显，就是这些改革的措施从根本上触及了他们的利益。但王叔文等人没有想到的是，朝中反对他们的不仅只有宦官和各地的节度使，还有不少的大臣。这些大臣之所以站在王叔文集团的对立面，原因有两个，一是王叔文等人的掌权使得他们手中的权力大大丧失，这部分人就包括高郢、贾耽、郑珣瑜等四位宰相。

顺宗朝的宰相共有五位，除了韦执谊是属于集团内部的，其他四人都是唐德宗时期的旧臣。王叔文等人的上台让他们手中的权力逐渐消失，王叔文虽名不为宰相却有宰相之权，而他们虽身为宰相却名不副实，这怎么能不让他们心里产生极大的不平衡呢？

除了四位宰相之外，此时还有为数不少的朝臣都是不赞同王叔文等人的。这些人一部分是因为本来就反对新法，一部分是因为受到王叔文集团内部人员的伤害而转投到其对立面的。正是因为如此，改革随着时间的推移阻力越来越大，夺取宦官禁军之权和裁抑藩镇的失败已经显现出这个集团在当时的不得人心。最为重要的是，宦官们早就看到了事情的根源，于是想尽办法册立了太子，这就使得王叔文等人愈发地无计可施，只得任人摆布。

从一开始，俱文珍等人的行动就很有计划性。他们先是静观其变，不论王叔文等人怎么折腾，就是不买他的账。等到改革派内部出现破绽，他们就将目标瞄准了他们的靠山——唐顺宗。皇帝的态度发生动摇后，他们就开始施行他们的立太子计划，寄希望于新即位的皇帝。李纯一旦被立，王叔文等人就自然而然地陷入了被动局面，他们既不能取得顺宗的绝对信任，又不能讨国之储君的欢心。

等到局势开始倒向宦官集团的时候，俱文珍等人才开始拿王叔文等人开刀，而这个过程也是缓慢的。他们先是逐步削弱王叔文的权力，将他赶出了翰林院，其后又和藩镇联合，掣改革派的肘。紧接着，为了进一步地掌握实权，他们又上表请求太子监国，将王叔文等人一步步赶出了中央，然后赶尽杀绝。就这样，"永贞革新"和它的倡导者一起走向了灭亡。

纵观历史，可以很清楚地看到这样一个事实。一个王朝如果想要革新，一直以来都是一件极其困难的事情，尤其是在一个帝国由繁盛变得衰落的时期，想靠改革来扭转颓势，那就更是难上加难。历朝历代这样的例子并不少见，而"永贞革新"就是其中之一。唐王朝在历经安史之乱后，政治、经济各方面已经开始转向颓败的趋势，逐渐朝着更为严重的方向发展的时代弊政已经使得这个曾经辉煌的国家不堪重负。

然而这些都是历史必然的发展趋势，王叔文等人想靠着一个重病在床的皇帝，凭着一己之力就扭转乾坤，这显然是不合时宜的。所以，这场变革从一开始就注定了它昙花一现的悲剧，但是不能就此否定王叔文等人作为时代的领先者为国家的兴盛和自己治国平天下的理想做出的努力。这不是任何人都能做到的，尤其是随时可能为此付出自己的生命。

"永贞革新"虽然就这样结束了它的历史征程，但对于它的争论，一直存在着。关于"永贞革新"的价值和对其倡导者们的评价，历来都是存在着很大争议的，其中争论的焦点主要集中在王叔文等人的这些措施是否真的达到了内抑宦官，外制藩镇的效果上。

首先看第一个问题，"永贞革新"虽然采取了一系列的措施，其目的无外乎抑制宦官和裁抑藩镇，而其中最为重要的就是抑制宦官的权力。一开始施行的罢"宫市"的举措是取得了成功，但后来触及宦官手中的兵权的时候，面对宦官的反击，改革派可以说是毫无还手之力。至于裁抑藩镇，更是还没有开始实施就宣告流产。

所以，就改革目的来看，"永贞革新"从根本上来说是不够成功的，它所做到的就是废除了一些旧时代的弊政，然而这些也都只是皮毛而已。不仅如此，改革派和宦官集团本应该是属于水火不容的两个对立面，但作为领袖的王叔文却一而再地对其妥协，最终葬送了改革。

"永贞革新"因其"虎头蛇尾"和"无果而终"在历史上得到的评价是很低的。现在去翻看《新唐书》《旧唐书》和《资治通鉴》，无一不是对它进行严厉的谴责。但在如此强大的声讨声中，也有人持不同的意见，例如宋代著名的政治家、文学家范仲淹和清初的学者王夫之就认为这种说法失之偏颇。

范仲淹认为"《唐书》芜驳，因其成败而书之，无所裁正"，《新唐书》《旧唐书》以"永贞革新"的成败来决定它的历史地位和意义是不公正的。而王夫之的态度更为明显："自其执政以后，罢进奉、宫市、五坊小儿，贬李实，召陆贽、阳城，以范希朝、韩泰夺宦官之兵柄，革德宗末年之乱政，以快人心、清国纪，亦云善矣。顺宗抱笃疾，以不定之国储嗣立，诸人以意扶持而冀求安定，亦人臣之可为者也。"

贞元二十一年（公元805年）八月四日，唐顺宗在宦官们的逼迫下，无奈地将自己的皇位传给了太子李纯，自己退居二线，当起了太上皇。唐宪宗即位称帝之后，顺宗拖着病体移居到兴庆宫。宪宗元和元年（公元806年）正月十九日，也就是顺宗移宫后的五个多月之后，年仅四十六岁的唐顺宗终老于兴庆宫的咸宁殿。唐顺宗李适是唐朝皇帝中在位最短的一个（不包括唐隆政权），从他即位到退位，前后时间不超过两百天。

关于唐顺宗的死因，史书中没有详细的记载。在很多人看来，唐顺宗自德宗晚年开始就重病缠身，现在驾崩毫无疑问是因病而亡。

但唐代的一本名叫《续玄怪录》的书中的记载，却使得唐顺宗的死因成为一个悬而未决的疑案。《续玄怪录》是唐人李复言所撰，其中有一篇《辛公平上仙》，用小说的笔法描写了一位唐朝皇帝非正常死亡的过程。

据《辛公平上仙》的描述，辛公平是洪州高安县的县尉。元和末年，他和吉州庐陵县尉成士廉一起入京参选，途中遇到了一件怪事。他二人在去长安的路上遇到了一个叫王臻的绿衣吏，这个人告诉他们，他并非普通人，而是一个阴吏。所谓"阴吏"就是不属于阳间的官吏，王臻还对他们说，他这次来到阳间的目的就是迎接即将仙逝的皇帝。王臻说辛公平命中注定可以看到这一场面，并让他夜间在灞西古槐下等候，同他一起进入皇宫。

其后，李复言就描述了这些人如何将皇帝带走，当然，辛公平是亲眼所见的。事后，王臻将辛公平送回成士廉的居所，才与之告别。辛公平一直都不敢泄露此事，数月之后也"攀髯"而去。到了元和初年，这件事才从辛公平的儿子口中传出，最后被记载了下来。

小说之中出现了两个关键的时间点，那就是一开始提到的"元和末年"和文末提到的"元和之初"，这两个时间点很矛盾，如果皇帝被杀一事发生于元和末年，那么传出的时间怎么又会是元和初年呢？根据"元和末年"这一时间，陈寅恪先生推断这篇小说描写的应该是唐宪宗的死亡情况，这看似毫无可疑之处，实则疑点重重。

黄永年先生曾在他的文章《〈辛公平上仙〉是讲宪宗抑顺宗》中说出了自己的看法。黄永年先生的突破点是文末提到的"元和初"这一时间，他认为这篇小说根本就是描写顺宗之死而非宪宗。唐顺宗于贞元二十一年（公元805年）八月退位，五个半月之后就驾崩离世，正是这段时间才有了文中的"更数月，方有攀髯之泣"之说。

据此他推断，唐顺宗可能在退位后不久就被宦官们杀害，直到几个月后才将死讯公布天下。至于文中出现的前后时间矛盾的现象，黄永年认为是宋人为避仁宗赵祯之讳，才将"贞元"改为"元和"，实际这件事发生的时间应该是"贞元末元和初"，这就刚好和顺宗的死亡时间相符。这些观点虽然有一定的道理，但《续玄怪录》中的描述毕竟只是小说笔法，就算记载属实，也很有可能只是当时的民间传说。

第三章
元和中兴,朝廷对藩镇的短暂胜利

第三天子

唐顺宗的时代过去，迎来了属于唐宪宗的年代。据《旧唐书》的记载，唐顺宗有二十三个儿子，而在《新唐书》中，这个数量就变成了二十七个。无论如何，顺宗是个子嗣颇丰的皇帝，唐代历史上除了玄宗有三十子，无人可以和他比肩了。宪宗原名李淳，后改为李纯，是唐顺宗的长子，出生于大历十三年（公元778年）二月，生母是庄宪皇后王氏。

关于宪宗的生母，说起来颇为奇特。她本是在代宗时期以良家子的身份被选入宫中的，当时是唐代宗的才人。王氏进宫的时候年龄很小，据记载只有十三岁。唐代宗怜悯她小小年纪就进入皇宫，于是便做主把他赐给了自己的儿子李适，也就是后来的唐顺宗。王氏在李适的府邸先是孺人，后被封为太子良娣，在顺宗十八岁的时候为他生下了第一个儿子——李淳。由于唐顺宗在位时间很短，所以他的后宫嫔妃们还未来得及册封。王氏这个庄宪皇后的名分应该也是顺宗退位，宪宗登基之后追封的。

唐宪宗自幼聪慧过人，加之又是皇长孙，所以深得祖父唐德宗的喜爱。他六七岁的时候，德宗将他抱在膝上玩耍，问他道："你是谁家的孩子，怎么在我的怀中呢？"年幼的宪宗答道："我是第三天子。"如此巧妙的回答居然出于一个幼童之口，自此之后，德宗对这个孩子更加看重。从这个故事中不仅可以看到宪宗自幼时就表现出来的聪颖，也可以看出，在这个小小的孩子心中，皇位毫无疑问日后就是由他来继承的。

但宪宗幼年的想法未免太过天真，虽然按照"嫡长制"的继承原则，身为长子的他毫无疑问是有着绝对的优势的，但宫廷自古以来就是一个多事之地，在过去的历史中，又有多少长子最终得以顺顺利利地继承了皇位呢？李纯虽然为皇长子，但在父亲登上皇位之后并没有马上被册封，所以在"永贞革新"的那段时期，他的内心始终是十分忐忑的。因为俱文珍等宦官们和王叔文集团的斗争，使得李纯被宦官们推上了太子之位，其后又登上了皇位。唐宪宗的皇位得益于宦官，但他最后也是死在宦官的手中，这不得不说是一个巨大的讽刺。

贞元二十一年（公元805年）八月九日，历经坎坷的李纯终于登上了皇帝位，成为大唐的第十一位皇帝，是为唐宪宗。他将年号改为"永贞"，次年改为"元和"。这一年，宪宗李纯只有二十七岁，年华正好，正是大有作为的时候。

刚登基的唐宪宗马上便开始制裁顺宗时期推行革新运动的王叔文集团，唐宪宗这么做表面上是为了打击当年阻碍他顺利当上太子的王叔文等人，从而也给支持他的势力一个交代。确实，因为王叔文等人，他在当储君的那几个月是十分煎熬的。但从实际意义上来看，宪宗迫不及待地处理"二王八司马"的深层次原因是他想迅速地将处理国家大事的权力从王叔文集团的手中夺回。毕竟,作为一个刚登基的皇帝,为自身的统治积累力量是十分重要的。

幼年时的唐宪宗亲身经历了他的祖父唐德宗和父亲唐顺宗时期藩镇动乱给朝廷所带来的战乱之苦,所以自他懂事以来,他就下决心解决这个危害国家多年的大问题。如今他已经登上了皇位,成为这个帝国的主宰,他理应放眼天下,重振大唐失去已久的威望,这也是先帝们遗留下来的愿望。

虽然解决藩镇问题成为唐宪宗登基后首先要解决的大问题,但他很清楚地知道,想要将天下藩镇的大权都重新收归朝廷所有,那么战争就是不可避免的。一旦要开始大战,如果财力物力跟不上的话,那一切都是空谈。鉴于此,他在处理藩镇问题之前,着手处理国家运作的核心——财政问题。

唐宪宗首先做的是将宫中的剩余资财悉数转入左藏库,左藏库是国家的正库,这样一来,这些皇帝私有的财产就转为公有。这些钱财不做别用,是防备以后不时之需的,由国家统一管理。紧接着,他又下旨任命李巽为盐铁转运使,掌管江淮财物的整顿。李巽是当时的名臣杜佑所推荐,在财政方面很有自己的主张和见识。李巽上任之后"掌使一年,征课所入,类晏之多,明年过之,又一年加一百八十万缗",整顿的效果十分显著。《资治通鉴》称赞他说:"自刘晏之后,居财赋之职者,莫能继之。"几乎可以与德宗时期的财政名臣刘晏比肩。

元和四年(公元809年),在宰相裴垍的建议下,唐宪宗下旨改革赋税制度。唐宪宗之所以要改变原有的赋税制度,其目的无非是增加国家的财政收入,使中央的实力不断加强。在元和初期,各地的地方税收是由三个部分组成的，分别是上供、送使和留州。意思就是说地方的财政收入除了要上交国库和留下自己使用之外，还要留出一部分作为送使钱物，而这一部分往往是不必要的。

宪宗改革之后，"天下留州、送使物，一切令依省估"，三部分并为两部分，原来的送使钱物则归入了国库。不仅如此，新的政策还规定，各地政府所需的费用从当地首府所在州的税收中支取，如果不足才可以征收其他州县的赋税。这样一来，不仅削弱了地方的财政实力，也使得国库日渐充盈起来。

自古以来，无论哪个朝代哪位皇帝想要增强国家的财政实力，途径无非两条，一是开源，二是节流。唐宪宗做到了开源，那如果同时做到节流，他改革财政的收效也就会成倍增长。和历史上许多初登宝座的君主一样，唐宪宗首先做的也是罢黜四方进贡，给百姓们减轻负担，使他们专心于农业生产。

他还曾经向当时的宰相李藩寻求过这方面的意见，和他探讨节俭和足用的关系。李藩向宪宗皇帝进言道："自古以来足用无不来源于节俭。倘使君主不以珠玉为贵，一心一意地对百姓劝课农桑，那么那些所谓的'奇技淫巧'就没有作用了。"唐宪宗若有所思，李藩接着说道："如果天下百姓富足了，天子怎么会不富足呢？反而言之，如果百姓们尚食不果腹，君主想要富足也是不可能的。"

对于李藩的看法，唐宪宗也是十分赞同的。他说道："勤俭节约之事是朕诚心诚意想追求的，而天下贫富的关系与你所说的也丝毫不差。所以我们应当上下齐心，方能保住此道。"正是因为明白这个道理，唐宪宗在元和初期就多次拒绝了地方进献给他的歌舞乐伎，理由是这些人会消耗巨额的财富，不能为了他一己之乐，就使国家

"剥肤椎髓"。

虽然唐宪宗致力于做一个勤俭节约的好君主,也曾下旨罢除过四方进贡,但各地的官员还是照旧将各种奇珍异宝送入皇宫。对于这些珍宝,唐宪宗也几乎是来者不拒,但有时迫于舆论的压力,就将所收的这些财物转交到度支库,受国家财政的统一支配。例如在元和三年(公元808年),山南西道节度使柳晟和浙东观察使阎济美按照惯例来到长安述职。但他们这次来除了公事之外,还带来了一批进贡给皇帝的珍宝。

按照皇帝之前所颁布的诏令,柳晟和阎济美是违反了规定的,按照律令,应该受到相应的惩罚。但对于他二人这次所带来的财物,唐宪宗不但从容不迫地收下了,还赦免了他们的违例进贡之罪。御史中丞卢坦看不下去,便上书弹劾他们,希望朝廷能够给他们应有的惩处。

唐宪宗对此事却回复说,他已经下旨赦免了他二人的罪,君无戏言,如果按照卢坦的说法,那就会失信于天下臣民。事情发展到了这个地步,皇帝的态度已经很明显了,如果是一般的臣子也就会到此为止,但这个卢坦偏偏是个执拗的性格,他认为错的事情就一定要辩个清楚,就算对方是高高在上的皇帝也不能例外。

卢坦认为,当初唐宪宗为了天下百姓下旨罢黜四方进贡,这是"大信",而这次收取供奉本来就是违反了当初的诺言,而且赦免柳晟和阎济美只是"小信",不能因小失大。面对执拗的御史,唐宪宗也是毫无办法。无奈之下,他只好将这批财物交归国库。

自此之后,凡有反对他收取进贡之物的,他便将所收取的财物交到国库,并没有按照之前说的拒绝纳贡。所以说,事情总是知易行难，唐宪宗虽然是个君主，但也无法抵制钱财的诱惑，以至于背弃了当初所做出的承诺。正是因为皇帝的这种做法，所以在元和年间，各地的供奉还是源源不断地送入长安。而各地的官员为了收集各式的奇珍异宝来讨好主上，也是加紧盘剥任下的百姓。

虽然唐宪宗收取供奉的这种行为在一定程度上增加了百姓的负担，但人无完人，作为一个君王，这些财物对于他来说也许不只是物质上的满足，更重要的是这个过程给他带来的"高高在上"的心理慰藉。但从事实来看，唐宪宗在元和初期所推行的一些措施确实是有利于恢复经济和积累国家资产的。在国力慢慢充实起来的时候，唐宪宗心中多年的理想即将要付诸行动，一场巨大的改变将要在元和年间拉开帷幕。

别逼朝廷对付你

宪宗登基不久，西川节度使韦皋突然暴毙。

韦皋死得很不寻常，关于这件事，历史上的猜测颇多。韦皋是在宪宗刚刚当上太子时第一个向朝廷上表请求太子监国的，却在新帝登基后突然死亡，因此很多人都认为这背后隐藏着许多不可告人的秘密。

更为蹊跷的是，当年韦皋上表之时，河东节度使严绶和荆南节度使裴均都先后向朝廷递上了内容和韦皋差不多的表章。再加上当时敦煌壁画《胡商遇盗图》中透露出的线索，不少人都认为是当时掌握大权的大宦官为了逼迫唐顺宗退位而指使这些节度使上表，事成之后便将这些知情者杀死灭口，而韦皋就是其中之一。

且不说韦皋是因何而死，只说他的突然死亡，引发了一场在当时影响颇大的叛乱。事情的起因是韦皋的节度副使刘辟在其死后没有申报朝廷批准就擅自作为留后，事后才上了一封奏疏向朝廷报告了此事。

刘辟之所以敢这么做也是有原因的，因为唐中后期藩镇的势力增加了之后，就不把中央的政令放在眼里，而这种做法也是各藩镇之间产生了默契的。不仅如此，刘辟又怂恿自己的部下联名向朝廷上书，希望朝廷能将他封为新一任的西川节度使。

对于刘辟的要求，唐宪宗马上做出了反应。他当然不会答应刘辟，唐宪宗下令命中书侍郎同平章事袁滋为剑南西川节度使，至于刘辟则调入长安任给事中。从地方到中央本来对官员来说是无上的光荣，但刘辟接到调任的诏书之后居然拒不奉召，不肯入京。此时的唐宪宗才刚刚登基，地位还不够稳定，他虽然不想答应刘辟的请求，却又并不想因为此事引起过多的争端。于是宪宗主动妥协，他下旨封刘辟为西川节度副使和知度事，暂时主理西川的事务。

唐宪宗这样的做法引起了许多朝臣的不解，当时的右谏议大夫韦丹就认为这种"姑息养奸"的做法只会留下后患，没有任何的好处。他对唐宪宗说："如今一旦赦免了刘辟的罪行，其他藩镇一定会效仿他的这种做法。到时候朝廷就会只剩下东、西二京，还会有谁听从朝廷的指令呢？"

唐宪宗也明白如此不是长久之计，但此时削藩的时机还未成熟，只有卧薪尝胆，日后方能成就大事。但从此事中，唐宪宗也看到了韦丹等大臣对藩镇问题的态度。于是，唐宪宗命韦丹为东川节度使，用东川的势力暂时压制住刘辟，并着手准备讨伐西川的事宜。

唐宪宗这么做已经是仁至义尽，但不知好歹的刘辟又提出了新的要求。元和元年（公元806年）正月，刘辟再一次向朝廷上书，希望他能够兼领包括西川、东川和山南西道在内的"三川之地"，这也是韦皋当年在王叔文那里求而不得的东西。此时东川节度使韦丹还未上任，刘辟不顾朝廷任命就提出如此无礼的要求。

唐宪宗闻之后大怒，马上严词拒绝了他。朝廷的态度发生了如此巨大的改变，刘辟一时难以适应。可能他认为是西川方面给中央的压力不够大，所以他马上将西川的兵马召集起来，随后就围攻了东川节度使驻扎的梓州，并将原东川节度使李康囚禁了起来，想又一次来个先斩后奏。此时，距离唐宪宗即位也仅仅只有三个月而已。

但刘辟万万没有想到的是，三个月的时间已经让新皇帝的地位日渐稳固，此时的唐宪宗根本不会再买他的账。在唐宪宗看来，刘辟之前就贪婪无度，如今竟敢起兵造反，完全不把朝廷放在眼里，自己当然要还以颜色。而对付这种无耻小人的办法只有一个，就是用武力消灭他们。就在唐宪宗决定出兵讨伐西川的时候，又有许多臣子站了出来。

虽然唐宪宗一再向他们说明，这次出兵一定会小心谨慎，不会再像德宗时期那样轻举妄动，但他们还是认为巴蜀之地地势险峻，易守难攻，且刘辟的军队在西川多年，对当地的地形和民风肯定是了如指掌，此战于朝廷是大大的不利，所以请皇帝三思而后行。这些大臣之所以反对以武力攻打西川，一方面是出于上述的原因，为朝廷考虑战机，还有一方面就是多年的藩镇割据状况已经使他们心中对藩镇产生了一种恐惧感。如果这次征讨失败，不仅不能够平息叛乱，反而会引发天下藩镇的动乱，很有可能会因小失大。

即使是如此，当时的宰相杜黄裳还是站在唐宪宗一方，因为他清楚地知道，藩镇问题如果还不下狠心去解决，必定是后患无穷，前朝受藩镇割据之苦受得还不够多么？正是因为有这样的想法，所以他曾经对唐宪宗说过这样的话："当年德宗皇帝在经历了藩镇战乱之苦后采取了妥协的政策，对藩镇姑息而不再使用武力。各地藩镇的节度使死后，朝廷曾派中使前去视察，看谁有才能可以继承节度使的位子。那些想要自立的人往往用钱财贿赂这些使者，让他们回来之后在皇帝面前为他们说好话。那时德宗皇帝不知就里，几乎都采纳了中使的意见，所以朝廷再没有向各地派出过节度使。如今国家想振立纲纪，必须用一定的法度来制裁藩镇。只有这样，天下才能得到治理。"

杜黄裳的一番话正中唐宪宗的下怀，也正是因为有杜黄裳的鼓励，唐宪宗解决藩镇问题的决心更加坚定了。有人甚至说，杜黄裳的这些话是"一字千金"，正是因为他的几句话，就奠定了整个元和年间，甚至是9世纪初期唐朝的基本格局。

虽然有许多大臣持反对意见，但决心已下的唐宪宗还是力排众议，决定出兵讨伐刘辟。而宰相杜黄裳不仅支持唐宪宗，还将神策军使高崇文推荐给了皇帝。高崇文虽然资历尚浅，在当时不为人所知，却是个文武双全之人，此去定能不负所托。对于杜黄裳的做法，当时的翰林学士李吉甫也表示十分赞赏。

元和元年（公元806年）正月二十三日，唐宪宗颁布了《讨刘辟诏》，下旨命左神策行营节度使高崇文为统帅，宦官刘贞亮为监军使，率唐朝中央大军前往西川平叛。这次朝廷派出的兵马势力十分强大，除了有高崇文亲率的五千精兵为前军之外，还有神策军京西行营兵马使李元奕率领的两千骑兵殿后。不仅如此，山南西道节度使严砺也发兵兴元，和朝廷的两路大军一起直指西川。

前方的道路虽然艰险重重，但大军分斜谷和骆谷两路终于顺利地进入了蜀地。安史之乱后唐朝中央的实力虽然有所减退，但毕竟还是有一定的基础的，再加之宪宗之前的财政整顿，给这场战争提供了充足的后备力量。所以对西川的战役一开始,唐军就以绝对的优势占据了主动地位。主将高崇文也没有辜负朝廷的一番重托,在他的率领下,唐朝大军兵分二路,浩浩荡荡地向西川的治所成都开去。与此同时,山南西道的军队也与之相呼应,声势更加浩大。

在如此强劲的攻势下,刘辟的西川军不堪一击,不久之后就败退下来。无奈之下的刘辟只得带着自己的残兵败将向吐蕃逃去。但刘辟还没有到达目的地就被活捉,随后被押送长安问罪,最后被斩首示众。

平定西川的战役从元和元年(公元806年)正月二十三日开始,到该年九月二十一日结束,前后所经历的时间不到九个月。用时之短,效果之明显都是以前对藩镇战争中很少见的。就这样,唐宪宗平定藩镇的计划成功地向前走出了第一步,等待着他的,将会是更艰难的挑战。

削藩并不难

就这样,唐朝廷顺利地收回了西川的管理权。与此同时,唐宪宗又马不停蹄地命河东节度使严绶前去讨伐夏绥节度使留后杨惠琳。杨惠琳是夏绥节度使韩全义的外甥,早在永贞元年(公元805年)八月,韩全义请求到长安面圣,希望将自己的职位传给外甥杨惠琳。唐宪宗本来就想改变藩镇节度使的留后问题,自然不会轻易答应韩全义的请求。

元和元年(公元806年)三月,唐宪宗下旨,命韩全义致仕,同时派遣了新一任的夏绥节度使。眼看计划就要落空,杨惠琳马上将兵马召集起来,并在夏州自为节度使,以此来抵抗朝廷的诏令。对于杨惠琳的举动,唐宪宗首先想到的就是武力讨伐。正好此时河东节度使严绶请求率军前去征讨,于是宪宗就下旨命他为大军统帅,率领河东和天德的部队火速开往夏州。就在发兵后不到一个月的时间内,夏州内部就发生叛乱,杨惠琳被自己的部下张承金所杀,首级也被传送到京师。捷报传来,夏州的叛乱就这样轻易地被平定了。

正是因为和西川与夏绥战争的胜利,中央政府的威望瞬间提高

供养礼佛图　唐

新婦娘子崔氏供養

新婦娘子闞氏供養

姪女小娘子出適李氏

供養人像　唐

了不少。再加上如今各地藩镇的力量已经在逐渐地衰落，德宗时期那种鼎盛的局面已经不复存在了。所以在朝廷的武力威慑下，各地的节度使都不敢轻举妄动，对朝廷的命令和安排也开始慢慢听从了。不仅如此，大部分的藩镇遇事也不再敢擅自做主，而是纷纷上表请求进京面圣，以朝廷的安排为即行的准则。

虽然战争带来了良好的效果，但并不排除有些藩镇只是表面服从，毕竟这些节度使威风多年，怎么会甘心被朝廷的政令所束缚呢？而在这些人中，镇海节度使李锜就是其中之一。

李锜系出李氏皇族的一个旁支，因为这层关系，在德宗时期做到了湖、杭二州刺史的位置。他是个为了官位不择手段的人，通过贿赂上级，居然得以任润州刺史并领盐铁使，但后来被王叔文罢免。李锜一直因为王叔文解除其盐铁转运使一职而十分不快，这次也并非真心屈从于朝廷，只是迫于局势想保住自己的节度使之位而已。

蜀、夏被平定之后，李锜也向朝廷上了一道书，称自己要入朝觐见。不仅如此，他还主动请辞，希望能够让自己的判官王澹为其留后。他的本意是借此搪塞过去，没想到唐宪宗却当了真，他不仅批准了李锜的请求，还封他为左仆射，命他不日就来京任职。

左仆射虽然是天子近臣，却只是个虚职。而镇海地处浙江的西部，是唐朝南方的重镇，也是国家财政收入的重要来源地之一，是个人人都想去的好地方，李锜又怎么会轻易放弃呢？李锜想留在镇海这是显而易见的，而对于唐宪宗来说，他当然知道镇海对于朝廷的重要意义，所以这次也是收回其管理权的绝佳机会。

为了防止事情有变，精明的唐宪宗特意派遣了一位中使前去镇海劳军。中使前来劳军是假，催促他入朝是真。无奈之下，李锜只得以生病为借口推辞。消息传到长安后，唐宪宗当然知道李锜的心思。正在宪宗考虑如何处理这件事的时候，宰相武元衡站出来说道："李锜只不过是个小小的节度使，想来朝就来朝，想不来就不来，这成何体统！况且陛下刚登基不久，如果放纵他这种行为，以后如何号令天下？"听了武元衡的意见，唐宪宗向李锜下了最后通牒，命他即刻入朝。

事情发展到了这一步，对于李锜来说，已经是无路可走了。在这样的情况下进入长安，结果只有一个，那就是"人为刀俎，我为鱼肉"，只能受人宰割。但朝廷的诏书送抵镇海之后，判官王澹和中使就频频催促李锜动身，弄得他不胜其烦。走投无路的李锜只得走最后一步险棋，那就是起兵造反。这么做虽然风险很大，但一旦胜利，大唐的天下就会重归藩镇所有。

决定起兵之后，李锜先是将王澹和卫将赵琦杀死，随后又将中使囚禁起来。元和元年（公元806年）十月，李锜谎称镇海发生"军变"，正式起兵造反。起兵之后，他马不停蹄地派人将苏州、杭州、湖州、睦州、常州五州的刺史悉数杀害，将这些州府的领导权都收归己有。与此同时，他还派兵进驻石头城，在此驻防，来抗击北下的政府军。

得知李锜造反之后，唐宪宗马上下旨剥夺了他的一切官爵，并将他的宗室之名除去。随后，唐宪宗又命淮南节度使王锷为大军统帅，前去征讨叛军。诏令一下，王锷率领淮南军，和江西以及浙江的军队在镇海会合，逼向李锜的驻地。

但出乎意料的是，还没等到战争打响，李锜就被活捉了。原来就在王锷率大军前来之时，镇海军发生了内部分化。李锜的部下有很多是不愿意跟随他作乱的，再加上他不得人心，所以其兵马使张子良等人便在阵前倒戈，率部杀进了京口，也就是当时镇海的治所，李锜被当场活捉。随后，李锜被火速押往长安，最终被处以腰斩的极刑。李锜被处死之后，他的财产全部被收归国库，以此来抵消浙西百姓该年所需缴纳的赋税。

因为对西川、河东和镇海这几个藩镇的战争都取得了喜人的战果，唐朝的南方政局逐步变得稳定起来。然而这些措施可以说都只是唐宪宗平抑藩镇大计划的前期准备工作，在这些事情都解决了之后，唐宪宗便开始着手于历史的遗留问题——河北诸镇。

在唐朝中后期的藩镇中，河北诸镇，如成德、魏博、淄青三镇，都是实力最为雄厚的，也是唐政府长久以来的一块心病。虽然如此，但时间发展到了宪宗朝，局势却有了很大的改观。虽然这些北方重镇不为朝廷所屈服，但此时势力也是大不如前，而且内部矛盾重重，随时面临着分裂。再加上南方的逐步稳定，国家的财政也在慢慢恢复，这些都不得不说是唐宪宗将理想付诸行动的重要条件。

多年以来，河北各个藩镇沿袭着子承父业的传统，衍生了诸多弊端。这些问题由来已久，宪宗之前的皇帝也不是没有想过要去解决，但几乎都是以失败告终。想要解决河北诸镇的问题，首先必须找到一个切入点，而唐宪宗首先下手的就是"河北三镇"之一的成德镇。

此时成德节度使王士真已死，他的儿子王承宗依照藩镇之间多年的传统，继承了父亲的事业。唐宪宗见这是个机会，便想就此开始解决藩镇父子相袭的弊端。唐宪宗的想法一提出来就遭到了许多大臣的反对，他们认为河北诸镇的积弊已久，不是一时就能消除得了的。不仅如此，河北的藩镇势力彼此交错，根基颇深，不容易轻易撼动。倘若处理不当则会反受其乱，得不偿失，所以不应该这么草率就下这样的决定。

正如这些大臣们所说，打击成德镇的时机此时还是不够成熟的，这些从后来此战的结果也能很清楚地看出。但唐宪宗因为之前多次的胜利而信心满怀，根本听不进去这些意见。而当时的一个名叫吐突承璀的宦官为了在皇帝面前邀宠，告诉宪宗王承宗已经开始进攻德州。唐宪宗听闻之后更是来不及多考虑，就马上下令出兵讨伐。

这次唐朝出动了大批军队，在战争开始时也取得了一定的胜利。但随着时间的推移，由于朝廷内部出现了一些问题，使得讨伐军粮饷缺失，再加上行军日久，人疲马乏，就再没有收到什么显著的成效了。与此同时，王承宗方面也是再难抵抗下去了，于是他主动表示愿意向中央屈服，并提出接受朝廷委派的官吏，定期向朝廷纳贡。而唐宪宗此时也正好需要一个台阶下，于是他便马上答应了王承宗的条件，草草结束了这场战争。其后，唐宪宗下旨，命王承宗为成德节度使，统领成德的一切事宜。

其后，王承宗也有反复，但一旦宪宗采取军事行动，他便马上举手投降，然后再与朝廷谈条件。所以从实际意义来看，成德镇虽然表面上是归顺朝廷的，但实际从某种程度上来看还是脱离政府独立存在的。

失败的成功暗杀

虽然对成德镇的最后处理结果有些尴尬，但唐宪宗并没有放弃自己统一版图的理想。不久之后他的目光又落到了河北另一个藩镇——魏博镇的身上。和成德镇的情况颇为相似，魏博镇的老节度使田季安已死，他的儿子田怀谏依照"传统"被拥立为节度副使，而牙内兵马使田兴则被封为步射都知兵马使。当然，这些都是先斩后奏，并没有事先征得朝廷的同意。

换个角度来看，即使是朝廷不同意他们的这种做法，他们也未必会将朝廷的意见放在心上。所以，于藩镇看来，向不向中央报备已经是一件基本上没有实际意义的事，所以他们自然就省去了这一环节。而对于中央政府，尤其是帝国的领导者唐宪宗来说，这就是一个巨大的讽刺和侮辱。

对魏博镇事件的处理马上被提到了朝廷的议程之上，宰相李吉甫认为解决这些不把中央放在眼里的藩镇的唯一办法就是发兵征讨，而唐宪宗也是持同样意见。但当时的另一位宰相李绛也说出了自己的看法，在他看来，田怀谏经验尚浅，恐怕根本控制不了魏博的局面，不久之后魏博就会自顾不暇，根本用不着朝廷花费一兵一卒。

唐宪宗见李绛成竹在胸，就同意了他的意见，暂时不对魏博镇出兵，而是静观其变。果不其然，魏博镇不久就发生了内乱。在这个适时的情况下，唐宪宗封田兴为魏博镇节度使。不管表面还是现实，魏博就这样和平归顺了中央。

接下来，唐宪宗又发兵平定了淮西的吴元济。此次对淮西的战争前前后后一共进行了四年，影响十分深远，甚至可以说是唐宪宗一生平定藩镇中最为辉煌的一次，史称"淮西大捷"。元和四年（公元809年）十一月，淮西节度使吴少诚因病身亡，并没有留下任何遗言。当时的申州刺史吴少阳为了能够继承吴少诚的节度使之位，于是便伪造了一份遗书，自称为淮西节度副使并任知军州事。

吴少阳这种任意妄为的做法本来应当受到朝廷的严厉谴责，但此时的唐宪宗正忙于对成德王承宗的讨伐战争，根本分不开身处理淮西的事。为了稳定淮西的形势，使讨伐成德的战役顺利进行，唐宪宗只好答应吴少阳为吴少诚的留后，并正式下旨封他为新一任的淮西节度使。

时间一晃过去了五年，元和九年（公元814年）八月，吴少阳也一病而亡。这时朝廷对成德的战争早已结束，不仅如此，各地的藩镇都开始听命于朝廷，原来的那种父子相承的传统已经改变。正是因为如此，吴少阳的儿子吴元济将父亲的死隐瞒了起来。随后，在没有朝廷批准的情况下，他自任为吴少阳的留后，开始领兵作乱。吴元济不仅攻占了周围的州县，还纵容手下的士兵掠夺当地百姓的财物，甚至屠害百姓，无恶不作。

得知吴元济反叛后，唐宪宗马上下旨将吴元济的一切封爵削去，并命严绶为招抚使，率领大军讨伐淮西。这次的战争并不像唐宪宗想象的那么顺利，而问题的关键就在于皇帝选错了领军之人。以严绶的才略来看，根本不能胜任统领各路军队的重责。正是因为他的指挥不当，各路兵马都不愿主动出击，而是集聚在淮西镇的边缘观望。

就在一切处于胶着状态的时候，忠武节度使李光颜率先出击，斩杀了数千个敌人，也打破了战争的僵局。就在情况要逐渐好转的时候，京城却发生了一件惊天动地的大事，宰相武元衡在上早朝之时被刺客暗杀了。

这件事情发生在元和十年（公元815年）的六月三日。这天清晨，宰相武元衡和往常一样去上早朝。就在他带着两名仆从，骑着马走到靖安坊东门不远处时，从街边的树后蹿出了两名刺客。这两名刺客先将两名仆人击倒（一死一伤），随后便将武元衡的左腿打伤，拖下马来，不仅将他杀死，还将他的头颅割下带走。等到众人赶到现场时，武元衡早已身首异处，一命呜呼。宰相被杀的事件很快就传遍了长安的大街小巷，一时间人心惶惶。唐宪宗听说了这件事后，马上下旨免除了当日的早朝，并召集众位大臣前来商议此事。

就在皇帝焦虑万分的时候，又传来了一个骇人听闻的消息。不仅武元衡遭到了袭击，御史中丞裴度也在上早朝的路上遇到了刺客，所幸的是他没有被杀，但也身受重伤，不能来朝。刺杀事件发生之后，长安进入了紧急的戒备状态中，宰相出入家中和朝廷都由特定的护卫保护。那么，武元衡和裴度身为朝中要员，怎么会在天子脚下遭到暗杀呢？这次行动的幕后主使者又是谁，为什么非要置武、裴二人于死地呢？

从刺杀案件发生的过程来分析，这些杀手很明显是经过了专门训练的。而且他们目的明确，人数众多，显然在事先有过周密的计划。武元衡和裴度之所以成为暗杀的对象，是因为他二人是朝中力主对藩镇用兵的主战派的重要成员，而这次活动的策划者就是早就对其怀恨在心的淄青节度使李师道。

刺客虽然是淄青节度使李师道所派，但始作俑者却是此时正在淮西作乱的吴元济。原来吴元济因为自己的实力不足以对抗朝廷的大军，于是便向淄青的李师道求援。李师道本来就对朝廷的削藩政策十分不满，在他看来，唐宪宗之所以如此执意削藩，全都是听了武元衡等人的挑唆。于是，他做了一个十分冲动而且愚蠢的决定，就是派出刺客去长安刺杀武元衡、裴度。他认为，只要武元衡等人一死，唐宪宗自然而然就会放弃削藩的举动。

然而他没有想到的是，武元衡被杀之后，宪宗对藩镇的恨意进一步加深。武元衡和裴度被刺杀的事件虽然一度打断了唐宪宗对淮西战役的部署，也使得吴元济暂时获得了一个喘息的机会，但唐宪宗根本没有就此放弃自己的削藩计划。武元衡死后，唐宪宗马上就拜裴度为相。裴度的上任很明显代表了皇帝对藩镇的强硬态度，不久之后，裴度就在宪宗的旨意下亲自到淮西督战。

元和十一年（公元816年）八月，淮西宣慰招讨处置使裴度如期来到了淮西。裴度的到来陡然改变了淮西的局势，他先是告慰了在前线苦战的众位将士，废除了宦官的监军之权，使得将领们都得到了对部队的控制权。其后，裴度又正式颁布了军机，明确了各路军队的职责。裴度的一系列做法不仅调动了军队的积极性，还一改征讨大军一年多来的颓废局势。

除了保障后方的工作之外，裴度还亲自进行了战略部署，他将南线交给李愬，而北线则由李光颜指挥作战。裴度的信任让李光颜十分感激，所以他在战场分外卖力，因为北线的进攻猛烈，吴元济被迫将淮西军的主力都调往了北边。李光颜的做法不仅报答了裴度的知遇之恩，也给李愬创造了一战留名青史的可能。

李愬，字元直，洮州临潭人氏。他系出名门，是唐朝名将李晟之子。因为其父在德宗朝解奉天之围时立了大功，所以李愬也得以进入仕途。他原是太子詹事兼宫苑闲厩使，后经裴度推荐担任了唐邓节度使一职。淮西吴元济叛乱之后，李愬也奉命率大军前来征讨，并在这次的战争中有了不俗的表现。裴度来到淮西之后，将南线的重责交付给他，李愬也没有负其所托，顺利解决了淮西的叛乱。

就在李光颜将吴元济的兵马都引到北线之后，李愬决定亲自率军突袭已经被孤立的蔡州。蔡州是淮西的军事中心，也是吴元济重要的后方据点。在这之前，李愬成功地抓获了淮西骑将李祐，用心收服了他，并和他密议夺取蔡州之计。

元和十二年（公元817年）十月十五日，李愬亲率已经训练好的九千精兵，连夜冒雪赶往蔡州。由于大雪弥漫，道路泥泞，一般的军队根本无法在这样的天气状况下行军，但李愬却带着兵马在大雪中急行了七十余里，终于到达了蔡州城下。当然，这一切，城中的守军都不得而知。

就这样，李愬率军进入了蔡州城，包围了吴元济的牙城。天亮之时，李愬下令进行总攻，吴元济猝不及防，只得束手就擒。元和十二年（公元817年）十一月一日，被俘获的吴元济被押往都城长安，游街示众后被斩杀于长安城中的独柳树下。

宪宗年间平定藩镇的最后一步是在淄青李师道身上结束的。在淮西吴元济死后，各藩镇都在中央强大的军事威慑力下表示了对朝廷的忠诚，李师道当然也在其列。他之前和其他节度使一样表示愿意质子割地，以此来换得自己的平安。但好景不长，可能李师道一开始也不是出于自愿，总之不久之后他就故态复萌，不再听从中央的指令。李师道的这种态度激起了唐宪宗早就想对其用兵的想法，这一次，唐宪宗下定决心要让这个不知天高地厚的李师道对自己所做出的行动后悔终生。

其后，唐宪宗火速调兵遣将，召集了包括魏博、宣武、义成、武宁与横海五个藩镇的兵马前去淄青讨伐李师道。但相同的戏码又一次在淄青上演，还没等到五镇的兵马到达目的地，李师道就被自己的部下、淄青军都知兵马使刘悟杀死。由此可以看出，朝廷对各藩镇的影响力在当时还是十分强大的。李师道死后，淄青十二州的管理权自然而然就收归朝廷所有。

一死成谜

在唐中期的众位君主中，唐宪宗是颇具特点的一位。他之所以被称为唐朝的"中兴之主"，是因为唐朝自安史之乱以来多年的藩镇割据问题在他的手中基本得到了解决。宪宗时天下统一的局面和德宗、顺宗时期形成了较为强烈的对比，因为唐宪宗在位期间的年号为"元和"，所以这段时期在历史上也被称为"元和中兴"。

作为一个皇帝，唐宪宗有着双重的宗教信仰，既崇信佛教又迷信道教。唐宪宗崇信佛教的原因可能和他一生频繁地发动平藩战争，杀戮太多有关。至于迷信道教，原因更是简单不过。和历史上数不胜数的君王一样，唐宪宗也希望通过服用道教丹药寻求长生不老。

唐宪宗崇佛，尤其到了晚年时期，这种思想发展得更为严重，甚至到了为迷信佛教不顾一切的地步。元和十二年（公元817年）四月，唐宪宗为了礼佛，特意下旨修建了通往兴福寺的专用通道。这条通道从芳林门西开始，直接连接了大明宫和兴福寺，耗费了右神策两千军士的人力，其中所消耗的物力更是不言而喻。

在唐宪宗的倡导下，不仅京城的王公贵族，包括许多平民百姓都开始信仰佛教，一时掀起了一股施舍奉养的潮流。在唐宪宗的崇佛历史中，最有影响力的当属"法门寺迎奉佛骨"，为此，大文豪韩愈还特上《论佛骨表》一文，表达了自己对举国礼佛的不满。

法门寺历史悠久，始建于公元 4 世纪的东汉，地处长安以西的凤翔府（今陕西扶风）法门镇。法门寺原来叫作"阿育王寺"，隋文帝时期改名为"成实道场"，直到唐高祖武德八年（公元 625 年）才更名为现在的"法门寺"。法门寺之所以能够享誉天下，是因为寺内有一座砖塔，塔中供奉着佛骨舍利。相传天竺阿育王是个崇佛之人，他在佛祖释迦牟尼涅槃之后，将其遗骨分为了八万四千份，分别埋葬在世界各处。凡是埋葬佛骨的地方，都会建造一座佛塔，而法门寺"因塔置寺，寺因塔著"，自然而然就成了佛教圣地，闻名天下。

法门寺的规模较大，占地面积有百余亩，共分为二十四个院落，在唐朝时共有僧尼五百余名。法门寺虽然有名，但因为建造时间太过久远，所以在历史上遭受过多次的焚毁。但幸运的是，因为历朝历代都会有一些皇帝信仰佛教，所以法门寺经常得到皇家的修葺和维护，最终得以保存至今。

在唐代，迎奉佛骨是极其隆重也是最高的礼佛形式，而法门寺作为皇家道场，自然成为皇帝礼佛的不二之选。迎奉佛骨先是要将佛骨从法门寺迎到都城长安，在皇宫供奉之后，再送往其他的寺院，一切仪式结束之后再送归法门寺。

元和十三年（公元 818 年）十一月，主管佛寺供奉的功德使进奏"凤翔府法门寺所藏佛骨舍利，相传三十年一开"，更有传言说这佛骨舍利可以使"岁丰人和"。功德使说明年就是开塔的时间，所以请奏宪宗皇帝下旨开塔迎奉佛骨。听了功德使的奏报，唐宪宗欣然同意了迎奉佛骨的建议。

在唐代的诸多皇帝当中，唐宪宗并不是从法门寺迎奉佛骨的第一人。早在贞观时期，唐太宗李世民就曾经在岐州刺史张亮的建议下，将佛骨舍利从法门寺迎出，"遍示道俗"。唐太宗这次的礼佛行动使得"京邑内外，奔赴塔所，日有数万。舍利高出，见者不同"。

除了唐太宗之外，高宗显庆四年（公元659年）、武则天长安四年（公元704年）、中宗景龙二年（公元708年）、德宗贞元六年（公元790年）都有过开塔迎佛的活动，但规模都较小，影响力也不十分显著。

元和十三年（公元818年）十二月，唐宪宗下旨命中使开始筹备迎佛仪式，并昭告了天下百姓。与此同时，他还召集了长安各大寺院中的高僧，由朝廷特派的中使带领，前往凤翔法门寺迎接佛骨舍利。元和十四年（公元819年）正月，佛骨顺利地抵达了长安以西的临皋驿。

因为皇帝的大肆倡导，再加之佛教在唐朝时期的鼎盛，所以京城的达官贵族和百姓们对于此次佛骨的到来，望眼欲穿，企盼之情犹如久旱盼甘霖。为了表达自己对佛祖的信仰，以此来求得佛祖的庇佑和恩泽，一些信徒甚至将家产变卖，恨不得将自己所有的财产都用来供奉佛骨。

自从唐宪宗宣布开塔迎奉佛骨的那一天起，整个长安就陷入了一种莫名的狂热氛围之中。尤其是在皇帝命宦官杜英奇率宫人手持香花，将佛骨从临皋驿迎接到大明宫供奉之时，整个长安都沸腾了。一时间，无论是王公贵族还是平民百姓，都纷纷拿出自己的钱物。为了表达自己的虔诚，有些人甚至在街市之上号叫爬滚，局面十分混乱。

至于唐宪宗本人，自从佛骨进入皇宫的那一刻开始，在供奉的三日之内，他除了向佛祖进献钱物之外，每日都在舍利之前念诵佛经，希望死后能登极乐之地。在这之后，佛骨舍利又被送到各大寺院，场面之轰动自不必言。就在唐宪宗和整个长安都陷入崇佛的喜悦和期盼之中时，一篇文章瞬间击碎了天下人的美梦。元和年间的迎奉佛骨之所以影响如此之大，一是因为它的规模和参与人数远远超过了以往任何一次礼佛活动，还有一个重要的原因，就是韩愈的《论佛骨表》。

这篇表文无疑给此时因佛骨之事而热血沸腾的唐宪宗浇上了一盆冷水，简直是冒天下之大不韪。唐宪宗在接到《论佛骨表》之后十分恼火，扬言要杀了韩愈。当时幸好有宰相裴度和崔群从旁劝解，韩愈才幸免于难。但死罪能免，活罪难饶，韩愈最终还是被贬为潮州刺史。

除了信奉佛教之外，唐宪宗还非常迷信道教。早在元和五年（公元810年），宦官张惟则从新罗回来之后，唐宪宗就开始相信世间确有神仙和长生不老之术。在此之后，他就广招天下术士为自己炼制丹药，其中较为有名的便是术士柳泌。柳泌虽然读过一些医书，但实际上是个官场骗子。他以炼药为名，让唐宪宗赐予他台州刺史的职位。虽然此举遭到了群臣的反对，但为了长生，唐宪宗义无反顾地给柳泌加官晋爵，命他专门为自己炼制丹药。

自从开始服用丹药之后，唐宪宗的身体每况愈下，终日浑身燥热，焦渴难耐。身边的大臣也曾劝谏过他，让他不要听信这些术士之言，不料宪宗大发雷霆，于是便再无人敢提及此事了。到了元和十五年（公元820年），唐宪宗的身体越来越差，甚至连常规的朝会都无法出席。

元和十五年（公元820年）正月二十七日，唐宪宗暴崩，谥号为"圣神章武孝皇帝"，庙号"宪宗"，死后葬于景陵。据官方的史书记载，唐宪宗死于服用金丹过多，体内热气上涌。也有说唐宪宗并非死于丹药，而是被当时一个叫陈弘志的宦官所杀。

唐代刘禹锡有诗云："汝南晨鸡喔喔鸣，城头鼓角音和平。路旁老人忆旧事，相与感激皆涕零。老人收泪前致辞，官军入城人不知。忽惊元和十二载，重见天宝承平时。"唐宪宗在位十五年，以祖上的圣明之君为榜样，虽然有过不少过失，但其每日勤勉于政事，与手下的大臣们共同缔造了大唐的中兴气象。正是因为"元和中兴"的出现，唐宪宗得以和创造贞观、开元的唐太宗和唐玄宗并驾齐驱，成为唐朝历史上不平凡的一位君王。

第四章

穆、敬二朝，国运在儿戏中倾颓

太子与皇后不可兼得

唐贞元九年（公元793年），还是广陵王的唐宪宗迎娶了郭子仪的孙女郭氏为妻。说到郭氏，人们可能不大熟悉，但她的祖父是对唐朝立有大功的尚父郭子仪，父母就是民间所传的《醉打金枝》中的郭暧和升平公主。

升平公主是唐代宗的长女，所以和德宗平辈，那么她的女儿自然也就长了宪宗一辈。但对于这种政治联姻，辈分根本就不是问题，历史上也不乏先例，所以宪宗和郭氏的结合也就见怪不怪了。因为郭氏出身高贵，所以她嫁到皇家之后，无论是公公唐顺宗，还是丈夫宪宗都对她比较宠爱。

贞元十一年（公元795年）七月六日，也就在宪宗和郭氏成婚后的两年时间里，他们的儿子李宥在长安的大明宫出生了，这也就是后来的唐穆宗。虽然郭氏血统高贵，也与宪宗门当户对，但她并不是宪宗的第一个女人，而李宥也不是他的第一个儿子。

据记载，唐宪宗一生共有二十个儿子，十八个女儿，子嗣数量在唐代皇帝中还是比较多的。而在郭氏生下李宥之前，唐宪宗已经有了两个儿子，分别是长子李宁和次子李恽。李宁是当时的一位宫人纪氏所生，而李恽的生母在历史上并没有记载。就在唐宪宗登基的那一年，李宥被册封为遂王。但唐宪宗迟迟没有册封他为太子，大概是因为他内心的天平一直在李宥和长子李宁之间摇摆不定。

到了元和四年（公元809年），邓王李宁已经长到了十七岁。他的母亲纪氏虽然身份不够高贵，但李宁自幼聪明好学，史称"学师训谟，词尚经雅，动皆中礼，虑不违仁"，深得唐宪宗的欢心。按照"嫡长制"的继承原则，李宁是很有可能被立为太子的。

果不其然，翰林学士李薛等人联名上奏，希望皇帝以宗庙社稷为重，早立太子，为免奸人有窥伺觊觎之心。听了群臣的劝谏，唐宪宗下旨册封长子李宁为皇太子。册立皇长子本来是无可非议的，但奇怪的是，本应该在孟夏举行的册封礼竟然一直拖到了冬天。

对于这个问题，史书中的解释是元和四年（公元809年）夏秋的天气状况不好，阴雨连绵，不适宜举行盛大的典礼。但这个理由未免有些荒唐，其中应该和郭氏家族的阻挠有着不可分割的联系。

据说唐宪宗之所以不立李宥而立李宁除了自己对李宁的偏爱之外，还有一个重要的原因，那就是他和李宥的母亲郭氏感情不和。早在宪宗还是广陵王时，郭氏便是他的正妃，也就是通常所说的原配。按照规矩，宪宗即位之后，应该册立郭氏为正宫皇后，但奇怪的是宪宗一直都没有这么做。正因如此，郭氏在后宫的身份一直是贵妃，后来不知为何又改为德妃，而宪宗正宫皇后的位置也就一直空着。

无论如何，在唐宪宗的坚持下，李宁还是顺利地当上了太子。但好景不长，元和六年（公元811年）十二月，才做了两年太子的李宁居然身染重疾，不治而亡。李宁的死对唐宪宗的打击很大，悲痛欲绝的他宣布罢朝十三日，并赠其"惠昭"的谥号。不仅如此，唐宪宗为李宁举办了规格隆重的丧礼，还在怀贞坊为他建了一座庙宇，派了官员负责四时的祭祀活动。

李宁死后，唐宪宗不得不重新考虑他的继承人问题。不立长便立嫡，李宥虽然不是皇长子，但其母郭氏身份高贵，乃是皇帝的原配正妻，所以举朝上下都倾向于立皇三子李宥为嗣。

就在局势倒向李宥的时候，当时颇受皇帝宠信的宦官吐突承璀却突然提出立皇次子李恽为太子。吐突承璀的提议让原本逐渐明朗的局面瞬间变得复杂起来，那么吐突承璀为什么会提出这样的建议呢？据《旧唐书》的记载，吐突承璀之所以这么做是"欲以威权自树"。但仔细分析，单单是出于这个理由似乎说不过去。

当时吐突承璀已经很受皇帝的宠信，根本没有必要以立皇嗣之事来邀宠。更何况李宥的优势众所周知，所以说吐突承璀这么做是很危险的，一旦李恽没有被立，吐突承璀的下场可想而知。吐突承璀深处宫廷多年，这些利害得失还是看得十分清楚的，如果不是有特殊的原因，他断然不会冒如此大的风险。

其实，吐突承璀提议立李恽的原因很简单，那就是因为他最清楚皇帝的心思。作为一个颇受宠信的宦官，吐突承璀知道在唐宪宗的内心深处根本不想立李宥为太子，原因就是为了防止郭氏在朝廷的势力越来越大，最后无法控制。正是因为了解了皇帝的内心想法，吐突承璀才站在皇帝的角度提出了另立他人的建议。这个建议在当时引起了轩然大波，也给吐突承璀自己埋下了祸端。

虽然唐宪宗也有意立李恽，但无奈郭氏一族在朝廷的势力太大，而李恽的母亲身份卑贱，根本无法与之抗争。倘若这次再不立李宥为太子，恐怕会引起一场大风波。唐宪宗权衡利弊，最终还是决定立皇三子李宥为新的储君。出于对次子李恽的保护，也为了给吐突承璀一个面子，唐宪宗命翰林学士崔群拟写一封让表，表示是澧王李恽主动将储君之位让给弟弟李宥的。

但崔群并不同意宪宗的做法，他认为："凡事已合当之而不为，则有退让焉。"言下之意就是说澧王李恽既非嫡子也非长子，本来就没有资格被立为皇太子。既然没有资格，就无所谓退让不退让，所以说最后这封让表也没能写成。

元和七年（公元812年）七月，唐宪宗正式下诏立三子李宥为皇太子，并于当年十月举行了册封大典。李宥被册封为太子之后，名字也改为了"李恒"。在这一点上，他和自己的父亲宪宗是很相似的。

既然李恒已经被立为太子，那么他的母亲也就自然应该被册封为正宫皇后。况且宪宗多年不立皇后于情于礼都不符，所以在太子册封礼举行后的一年后，立皇后之事又一次提上了日程。元和八年（公元813年）十月，朝臣们上表请求立德妃郭氏为皇后，却遭到了宪宗皇帝的拒绝，原因是"岁时禁忌"。

唐朝在唐玄宗之后，后宫的皇后一般都是死后追赠的，活着被立为皇后的只有肃宗朝的张皇后。张皇后之所以被册立，是因为她在平叛时期对朝廷有莫大的功勋，所以在宪宗看来，郭氏根本没有资格当皇后。

立后一事被拒绝之后，郭氏产生了严重的报复心理。她不仅用尽一切手段在朝廷内外广结党羽，还拉拢了许多有权有势的宦官和吐突承璀抗衡。吐突承璀敢自始至终支持李恽是因为有皇帝在背后撑腰，所以在宪宗身体状况逐渐恶化的时候，他便开始加紧改立的计划。对于吐突承璀等人的举动，李恒十分担忧。但他的舅舅郭钊却告诉他尽管放心，只要尽好"孝谨"之心就可以了。从郭钊等人的态度来看，此时郭氏集团对于李恒继承皇位之事还是很有信心的。

元和十五年（公元820年）正月二十七日，唐宪宗暴死。宪宗一死，宦官王守澄等人便拥立太子李恒登基，是为唐穆宗。不出所料，吐突承璀和澧王李恽等人马上就被下旨处死。

关于唐宪宗的死因，历来说法都是因为服用了过多的丹药。但有一说是宦官陈弘志秘密将其杀死，更有学者认为是宦官王守澄等人为了争权夺势指使陈弘志将宪宗谋杀。譬如明末清初的著名学者王夫之就认为唐宪宗并非死于丹药，而是死于郭氏和宦官们策划的一场宫廷政变。在他看来，陈弘志只不过是"推刃之贼"，而真正的幕后凶手则是郭氏和唐穆宗。也正是因为郭氏等人谋杀了宪宗，所以唐穆宗登基之后便马上下旨处死了柳泌等一干术士，为的就是掩人耳目，将所有的罪责都归结到术士们的身上。

打马球也会出人命

因为唐穆宗将所有的心思都放在如何享乐之上，所以对于朝廷政事，他从来不放在心上。为了给自己的游乐铺设一条平坦的道路，从一开始他就任用宦官，用以压制以宰相裴度为首的朝臣。唐穆宗的这种做法不但大大助长了宦官的嚣张气焰，还使得大臣们和宦官势不两立，水火不容。譬如当时与白居易并称"元白"的大诗人元稹，只因为是通过宦官崔潭峻向穆宗进献了《连昌宫词》，从而从江陵士曹参军升为祠部郎中、知制诰，就被同僚们排挤。武儒衡甚至将元稹比为苍蝇，将他视为异类。

不仅朝臣和宦官们之间斗争激烈，大臣们内部也是钩心斗角，关系极不融洽。例如元稹和裴度之间的矛盾不仅使得二人关系不睦，还影响了政事的处理。对河北藩镇的战争失利之后，唐穆宗一气之下将两人的相位都予罢黜，重新任用兵部尚书李逢吉为相。李逢吉也是个妒贤嫉能之人，为了防止当时的浙西观察使李德裕与他争夺权力，他又向唐穆宗推荐了牛僧孺。自此之后，朝政由李逢吉和牛僧孺把持，虽无甚起色，倒也相安无事。但可悲的是，他二人官至宰相之后还不满足，为了争权夺势，甚至排挤朝中刚正的大臣，使得朝中到了无人可用的地步。

至于宦官方面，此时掌握大权的是大宦官王守澄。王守澄虽是宦官，但手中权力甚至要超过宰相李逢吉和牛僧孺。再加上唐穆宗不问国事，大小事都交由宦官处理，王守澄一时间可谓是"一人之下，万人之上"，用"权倾朝野""势倾中外"来形容都不为过。

王守澄利用职权收受贿赂，贪赃枉法，坏事做尽。他的家门口经常是门庭若市，热闹非凡，但都是一些前来递送钱财、求取权势之人。正因为如此，穆宗朝的大臣和宦官终日都忙于互相争斗，根本无心处理朝政，政治局面可以说是混乱不堪。

就这样，时间就在歌舞和酒宴之中一天天流逝，到了长庆二年（公元822年），这场荒唐的游戏终于迎来了它的归期。唐穆宗的兴趣爱好很多，其中有一项就是击打马球。他非常热衷这项运动，以至于经常和宦官们一起以此为戏。

长庆二年（公元822年）十一月的一天，唐穆宗又与宦官们一起击球。没想到在玩耍的过程中，有一个宦官不幸坠马。唐穆宗因为此事受到了惊吓，马上停止了活动，回到大殿休息。突然间，唐穆宗感觉头晕目眩，双脚无法履地行走。这是典型的中风症状，从此之后，唐穆宗就卧病在床，终于停止了之前近乎疯狂的游乐行为。

自这次中风之后，唐穆宗就为自己的不问朝政找到了新的借口。他经常称自己身体不适，不能上朝，后来甚至连宰相都不愿意召见。由于朝臣们不知就里，反而认为是皇帝的风疾加重，一时间朝廷上下都陷入了恐慌之中。为了防止意外的发生，宰相李逢吉等人接连上书请求穆宗定立太子。然而此时的唐穆宗年纪尚轻，根本不愿早立皇嗣。无奈大臣们不知所以然，还是接二连三地向他奏请，唐穆宗不胜其烦，于是便答应了他们的请求。

唐穆宗的中风本来就不是十分严重，经过御医们的诊治和一段时间的精心调养，到了年底就基本痊愈了。皇帝病好之后，宫中的嫔妃、皇子、公主还有一干皇亲国戚都到寺庙之中为天子斋戒祈福。为了感谢上天的恩泽，唐穆宗下旨大赦天下，将长安城中的囚犯悉数放归家中。长庆二年（公元822年）十二月，唐穆宗正式在大明宫宣政殿下诏，册立他的长子，也就是景王李湛为皇太子。

新年因为皇帝的康复和太子的册立变得格外喜庆，到了长庆三年（公元823年）正月初一，群臣们按照惯例来到皇宫向皇帝朝贺新年。但令人失望的是，唐穆宗根本没能来接受百官的朝贺，原因是他又生病了。对于穆宗这次的病情，大部分人都理所当然地认为他是风疾复发，但事情的真相真是如此吗？前面就曾说过，穆宗的中风只是突然性的，并不是十分严重，何以无缘无故就旧病复发呢？倘若不是旧疾，那皇帝又是因为何事不来早朝？实际上唐穆宗患病是真，但原因并不是上次打马球引发的风疾，而是因为服用了过多的丹药。

根据《唐书》中的记载，正月初一这一天发生了一件非常奇怪的事情。就在这一天，嗣郫王李佐因为"坐妄传禁中语也"而被流放到崖州。新年伊始，就发生了如此严重的流放事件，这不得不引起人们的猜测。所谓"坐妄传禁中语也"，就是说李佐说了一些宫中的禁忌，那么他到底是说了什么事情以至于落到被流放的地步呢？

李佐为什么被流放，《唐书》中并没有后续记载，整件事就是以一句"坐妄传禁中语也"来解释。李佐被流放和穆宗因病不能临朝发生在同一天，这两件事显然有着莫大的联系。很有可能穆宗患病有着其他难以启齿的原因，而李佐却不小心将它说了出来，因此惹恼了皇帝。

其实唐穆宗服用丹药也并非什么秘密，早在宪宗离世之后就已经开始了。中国古代自战国开始就有服食丹药的风气，而以魏晋时期尤甚。魏晋时期在士大夫之间盛传着一种名叫"五石散"的丹药，这种丹药由多种矿物质提炼而成，服后身体发热，有飘然如仙之感。魏晋的士大夫们服用丹药大多是为了追求一种洒脱如仙的感觉，而帝王们服食丹药几乎都是为了一个目的，那就是长生不老。

古往今来，长生不老就是众多皇帝追求的终极理想，虽然从来没有人成功过，但后人依旧是前赴后继，乐此不疲。唐代皇帝中相信道术而服食丹药的人也不在少数，被称为"千古明君"的唐太宗就是其中之一，余者更有代宗、宪宗等。既然皇帝服食丹药已有先例，甚至可以说是公开的秘密，那么唐穆宗为什么还要为此遮遮掩掩呢？

事情的起因还要追溯到元和末年的宪宗之死。当年唐宪宗暴崩而亡，官方的解释是因为服食了过多的丹药，因此穆宗即位之后还特意下旨诛杀了柳泌等一干术士。唐宪宗真正的死因现在不得而知，但很多情况都显示他并不是死于丹药，而是死于一场宫廷政变。

至于唐穆宗为什么杀死柳泌等人，其实是在暗示天下人自己的父亲确实是死于这些术士之手。这件事情虽然给宪宗之死做了一个很好的掩护，却给穆宗自己服食丹药造成了一个阻碍。就是因为这个原因，所以唐穆宗一直都不愿意他服用丹药之事为人所知，这样也就可以解释为什么李佐将此事泄露出去后穆宗异常愤怒了。

其实唐穆宗多年不问政事,除了喜好游乐之外,还有一个重要的原因,那就是因为服用丹药身体状况一直欠佳。这样看来,长庆二年(公元822年)十一月的那一场风疾就是他数年病症的一次爆发。新年过后,唐穆宗的病情进一步恶化,最终他服用丹药一事也变得人尽皆知,但纵使是这样,也没人敢劝谏皇帝。

到了长庆四年(公元824年),终于有一个叫张皋的布衣给唐穆宗上了一封十分特别的奏疏,其中提到:

"……高宗时,处士孙思邈达于养生,其言曰:'人无故不应饵药。药有所偏助,则藏气为不平。'推此论之,可谓达见至理。夫寒暑为贼,节宣乖度,有资于医,尚当重慎。故《礼》称:'医不三世,不服其药。'庶士犹尔,况天子乎?先帝晚节喜方士,累致危疾,陛下所自知,不可蹈前覆、迎后悔也。今人人窃议,直畏忤旨,莫敢言。臣蓬蔽之生,非以邀宠,顾忠义可为者,闻而默,则不安,愿陛下无忽。"

张皋的奏疏有理有据,不仅引用了医家名言,还以刚过世不久的宪宗为例,劝告唐穆宗珍惜身体,不要重蹈先帝覆辙。在奏疏最后,张皋表明自己并非以此来邀宠,而是为全忠义之名。张皋的话虽然句句出自肺腑,但唐穆宗此时已经是病入膏肓,再也无法振作了。

长庆四年(公元824年)正月二十日,唐穆宗再次病倒在床,两天之后已近弥留。他自知时日不多,于是下旨命太子李湛监国。李湛此时只有十六岁,年纪尚幼,宦官们为了能够继续把持朝政,于是便草拟了一封诏书,请求郭太后临朝称制。然而郭氏身居皇室多年,她知道这些宦官不过是想利用她罢了,所以她毫不犹豫地拒绝了宦官们的请求，还当面撕毁了制书。

不仅如此，她还义正词严地对宦官们说："昔日武则天称制，几乎将大唐社稷毁于一旦。我郭家世代忠良，不是武氏所能比拟的。如今太子虽然年幼，但有贤明的宰相们来辅佐。如果你等不干涉朝政，我又怎么会担心国家不安定呢？况且自古哪有女子为天下主而能致唐、虞的道理啊！"一番话彻底击碎了宦官们的念想。

长庆四年（公元824年）正月二十二日晚，年仅三十岁的唐穆宗因病离世，谥号"睿圣文惠孝皇帝"，葬于光陵。唐穆宗在位四年，可以说是一无是处，唯一值得称道的就是批准了户部尚书杨赞陵关于财政方面的建议，既保证了国家的财政收入，也适当地减轻了百姓的负担。唐穆宗死后第四天，皇太子李湛正式登基称帝，是为唐敬宗。

死于宦官之手的皇帝

穆宗的年代逝去了,历史的车轮辗转到了敬宗时期。

唐敬宗名李湛,出生于元和四年(公元809年)六月七日,乃穆宗皇帝的长子。长庆二年(公元822年)底,因为唐穆宗突发风疾,出于对国祚的考虑,在裴度等人的请求下,李湛以皇长子的身份被立为皇太子,长庆四年(公元824年)正月奉旨监国,当月穆宗辞世,他便继承了其父的皇位。那一年,李湛只有十六岁。

相比唐朝的诸多皇子,唐敬宗这个皇位来得还是比较顺利的。可以说,唐敬宗不仅没有经历过兄弟间的皇位争夺,也没有为皇位等待太长时间,从他当上太子到登基不过才一年多的时间而已。

虽然说这个世界"子不类父"的现象比比皆是,比如唐穆宗和他的父亲唐宪宗,但其中还是有许多"子承父业"的,比如说唐敬宗。和其父唐穆宗一样,敬宗也是个胸无大志的皇帝,甚至可以说到了"有过之而无不及"的地步。

唐敬宗即位之后便尊祖母郭氏为太皇太后,母亲王氏为皇太后。唐敬宗从不过问政事,将所有的事情都托付给宰相李逢吉,终日只知游宴享乐。从即位的第二个月开始，唐敬宗的游乐生活就从来没有停止过。唐敬宗从即位始就任用宦官，他不分昼夜地赏赐给宦官各种钱财和官爵。据《资治通鉴》中的记载，唐敬宗"或今日赐绿，明日赐绯"，宫中财物不够之时便"悉贮内藏，以便赐与"，简直是荒唐之极。

敬宗还喜好奢靡，即位不久后就下旨大兴土木。为了给皇帝修建宫殿园林，不少工匠没日没夜地劳作，可以说是身心俱疲，一时间怨声载道。他先是嫌长安宫不够宽广，于是便下旨另修宫殿。吏部侍郎李程以为此事不妥，在他的力谏下，唐敬宗才转而将修建宫殿的材料运送到穆宗的陵寝给穆宗修建陵墓。重建新宫作罢后，唐敬宗又打算为游兴洛阳修建行宫，后来因为藩镇的参与，敬宗害怕惹怒藩镇，最后不能收场才终了此念。

正是因为皇帝近乎疯狂的玩乐，不久之后就爆发了叛乱之事。长庆四年（公元824年）四月的一天，唐敬宗正在清思殿打马球，染坊有个叫张韶的役夫伙同卜者苏玄明一起带着数百人杀进了右银台门。听到这个消息后，唐敬宗惊慌失措地逃到左神策军躲避，其行状极其狼狈。等到左神策军兵马使康艺全带领军队进入皇宫平乱的时候，张韶等人已经攻打到了清思殿，并且坐在御榻上吃着东西。

苏玄明本是个身份低微的卜人，为何敢做出如此大逆不道之事？原来唐敬宗每日忙着游玩，很多时间都不在宫中，于是苏玄明便悄悄对张韶说："依我看来，你有做皇帝的面相。如今皇上日日夜夜忙于打马球，大事可成。"这件事情发生之后，出于对皇帝安全的考虑，不少大臣都上书劝谏皇帝不要沉迷于享乐，给这些贼子可乘之机。但唐敬宗听过就忘，依旧是我行我素。

和唐穆宗一样，敬宗也对鱼藻宫的池塘十分感兴趣，经常在宫中观看龙舟表演。一天他又别出心裁，想于端午节之时在宫中上演一场规模浩大的龙舟竞渡。于是他即刻命盐铁使从全国各地调运木材，为他铸造二十艘龙舟。将二十艘船的木材运到长安，再加上人力，一共要消耗掉国家转运经费的一半。为了这件事，大臣们又没少费口舌，最后唐敬宗也只答应将造船的数额减为十艘。

除了终日游宴，喜好奢靡之外，唐敬宗还纵容手下的宦官胡作非为。五坊小使倚仗权势在外无辜殴打百姓，当地的县令崔发见状，便下令将这些小使抓起来审问。唐敬宗得知此事后，不问青红皂白就将崔发送到御史台。御史台的官员为了讨好皇帝和宦官，居然将崔发痛打一顿，随后丢进大牢。

自封建君主制产生以来，历朝历代都有上早朝的习惯，唐朝自然也不例外。从一个皇帝在朝堂上的表现，也基本可以判断他到底是位贤主还是个昏君。但唐朝的历史发展到了穆、敬二朝，皇帝上早朝已经从一件司空见惯的事变为了不可常见的奇观。之前的穆宗就经常以各种理由不上早朝，即位后的敬宗也是一样。

皇帝虽然荒诞，但臣子们还是要履行自己的职责。按照朝廷的规定，每位大臣都需要在规定的时间来到皇宫参加当日的朝会。有的大臣为了早朝甚至天还未亮就要起床准备，辛苦程度自不必言。对于臣下的辛苦，唐敬宗毫不理会，依旧是我行我素，经常日上三竿还不见人影。所以在敬宗朝的朝会上有一种奇怪的现象，就是经常有大臣因为等待迟迟不来的皇帝而在朝堂上晕倒。对于唐敬宗的荒唐行为，大臣们中提出劝谏的也不在少数，谏议大夫李渤就是其中的一个。

李白

琵琶行诗意图　明　仇英

果真是"有其父必有其子",唐敬宗不仅爱好享乐和穆宗一样,对待劝谏的态度更是和父亲如出一辙。左拾遗刘栖楚为了打动君主,甚至在龙墀之上叩头不止,以至头破血流。他对唐敬宗进言道:"宪宗和先帝都是年长之君,四方尚且叛乱不断。陛下您初登大宝且又年纪尚轻,理应励精图治。然而陛下每日迷恋声色,贪睡不起。况且现在国丧之期还未过,宫中却整日锣鼓喧天。正所谓'好事不出门,坏事传千里',微臣恐怕这样下去,社稷终将不保!"

听了刘栖楚的鲜血力谏,唐敬宗震惊之余也表示很受感动。他下旨擢升刘栖楚为中书舍人,并赐给他绯袍银鱼袋,但对于刘栖楚的话,唐敬宗是转身就忘,毫无悔改之心。刘栖楚见皇帝如此无道,甚是失望,自知再怎么劝谏也是徒然,于是便拒绝了皇帝的官职,离开长安前往东都洛阳去了。

再如李德裕为了劝谏皇帝特意进献了《丹扆箴》六首,唐敬宗虽然对李德裕的做法赞赏有加,还特意命翰林学士韦处厚写了一篇表彰奏疏,但对于自己的行为就是坚决不改。时间一天天过去,唐敬宗的做法越来越过分,原先只是三两日不上朝,后来甚至一个月也难在朝堂上看见他的身影。

宝历元年(公元825年)十一月,唐敬宗见祖上多住于华清宫,便突发奇想要去骊山游玩。大臣们怕他一去之后便乐于此道,纷纷上书劝阻。当时拾遗张权舆跪在大殿之上,叩头进谏:"自周幽王以来,游幸骊山的君主从来都没有好结果。秦始皇就是因为葬在骊山,所以秦二世而亡。我朝玄宗皇帝因在骊山修建行宫,后来就爆发了安禄山之乱。而先帝自去骊山后不久就因病而亡!"

张权舆本意是劝阻唐敬宗不要游幸,没想到唐敬宗反而兴致勃勃地说道："骊山果真如此凶险？若是这样，那朕就更应该前去，看看你等所说是否属实。"就这样，唐敬宗不顾众人的反对，乘着銮驾前去骊山游玩。回到皇宫之后，他对身边之人言道："这些叩头劝谏的大臣们所说的话也并不可信。"自此之后，他就更不把大臣们的劝谏放在心上了。

唐敬宗喜好打马球，为了自己能够尽兴，他命令所有的禁军将士和宫人们都要参与其中。宝历二年（公元826年）六月，唐敬宗亲自组织了一场盛会。在盛会之上，马球、摔跤、杂戏等活动无奇不有，几乎整个神策军和后宫都参与进来，陪着皇帝玩耍。唐敬宗对自己的成果非常满意，这场大会一直延续到半夜才停止。

除了打马球之外，唐敬宗还有许多爱好，比如饮宴和打猎等。他经常在宫中大摆筵席，耗费的钱财数不胜数。至于打猎，唐敬宗更是热爱到无以复加。除了白天的游猎之外，他还在深夜中带着随从"打夜狐"，这样方能尽兴。

为了满足自己享乐之欲，唐敬宗专门从各地召集了一批力士，日日夜夜都陪伴在他的左右。对于陪伴他玩耍的力士和宦官，唐敬宗的要求是十分严格的。因为他自己就是一位游戏高手，马球、摔跤、手搏等都是他的强项，再加上他性格急躁，所以这些人稍有闪失就会受到严厉的惩罚。据记载，宦官鱼弘志、许遂振等人都因为在"打夜狐"的时候和唐敬宗配合不当被削去职位，一些力士也因为不能遂唐敬宗的意最终被流放、籍没。

唐敬宗的荒淫无道使得后宫之人终日担惊受怕，苦不堪言。宦官们对唐敬宗恨之入骨，不久之后就发生了谋杀事件，唐敬宗也因此葬送了自己年轻的生命。宝历二年（公元826年）十二月初八日夜间，唐敬宗和往常一样带着随从们出去"打夜狐"。可能是当夜收获可观，所以回到皇宫之后，唐敬宗依然兴致不减，于是便下旨召集了众多宦官和击球军将前来饮酒作乐。

酒酣之时，唐敬宗感觉浑身燥热，于是便进入内室更衣。不料此时大殿之上的烛火骤然熄灭，宦官苏佐明和刘克明等人便趁着黑暗将唐敬宗杀死。唐敬宗死时年仅十八岁，是除末代皇帝唐哀帝（十七岁而亡）之外，唐朝寿命最短的皇帝。死后的敬宗于唐文宗太和元年（公元827年）七月十三日葬于庄陵，谥号"睿武昭愍孝皇帝"。

第五章
甘露之变，扫除宦官的失败努力

他也曾经有理想

宦官专权问题在晚唐时期愈演愈烈，终于到了一发不可收拾的地步，而真正下定决心要解决它的是唐文宗。

唐文宗名李昂，是唐穆宗次子，也是唐敬宗的亲兄弟。唐敬宗死时虽然只有十八岁，但已经有五个儿子，并不是没有子嗣，那么为什么他的皇位不是由自己的儿子继承，而是传给了自己的弟弟呢？有种说法是，因为唐敬宗死时年纪尚轻，所以子嗣都过于幼小，这显然不符合皇位继承的基本逻辑。纵观历史，历朝历代中年幼的皇子继位的数不胜数，显然年龄不是继位与否的标准，那何以敬宗的儿子就因为年纪太小而不能继承父亲的皇位呢？其中肯定另有原因。

唐敬宗是死于宦官策划的宫廷谋杀，这是众所周知的事情。唐敬宗死后，刘克明等人便假传圣旨，命翰林学士路随拟写了一份诏书，称敬宗死时留下遗诏，命六弟绛王李悟当军国事，暂理朝政。刘克明等人这么做无非是为了将王守澄手中的大权抢夺过来，于是便于第二天清晨让李悟在紫宸殿外接见了百官，想另立新主。

王守澄得知此事后大吃一惊，他马上与杨承和等人商量，带领神策军迎接江王李涵入主大内，随后便以"谋反"之罪将刘克明等人悉数斩杀。事后王守澄找来翰林学士韦处厚商议如何善后，韦处厚知道王守澄等人的意思，便说讨伐乱党本来就是理所应当的事，当务之急是要让江王向天下宣告，内乱已平，接着让大臣们请江王即位，如此大事方可成。王守澄听后也觉得此法可行，便把江王迎入皇宫，在紫宸殿外廊和文武百官相见。

公元827年底，江王李涵改名李昂，正式继承了哥哥的皇位，改元太和，是为唐文宗。唐文宗出生于元和四年（公元809年）十月十日，与唐敬宗同年。他之所以能够继承皇位，完全是因为宦官们之间的互相争斗。当时刘克明拥立李悟为帝，对于王守澄一派来说的确是一个突发事件。为了和刘克明一争高下，王守澄在仓促之中只得选择了李昂。

唐朝在唐穆宗之前，除了唐高宗有两个儿子（中宗和睿宗）先后做了皇帝外，皇位基本上都是父死子继。但奇怪的是，从唐穆宗开始就频频出现兄终弟及的现象，比如唐穆宗就有三个儿子登上了帝位，他们分别是唐敬宗、唐文宗和唐武宗。

这三个皇帝都为宦官所拥立，唐敬宗十六岁登基，两年之后就死于宫廷政变；唐文宗十八岁即位，死时也只有三十二岁；唐武宗死时为三十三岁，三人在位时间一共不到二十三年。这种罕见的历史现象不仅反映出此时皇室的大权已经旁落到宦官之手，还从侧面折射出晚唐时期政治状况的恶化，作为一个皇帝，连自己人身安全都不能保障。

唐文宗即位之后也尊祖母郭氏为太皇太后，居住在兴庆宫；奉自己的亲生母亲萧氏为皇太后，居大明宫；敬宗的生母王氏为宝历太后，居义安殿。唐文宗本想任用外戚来牵制宦官，但无奈的是萧太后父母早亡，只有一个弟弟，但已经失去联系多年。萧太后是闽人，文宗为了找到这位舅舅，曾特意派福建的官员暗中寻访，却无果而终，最后这件事只好作罢。

因为唐文宗的特殊身份，所以文宗朝三宫太后并存。唐文宗为人恭顺，对三宫太后都十分孝顺，对太皇太后郭氏尤为尊敬。他不仅自己经常到兴庆宫给太皇太后问安，还要求大臣和后宫嫔妃们也要在宫门之前请安。唐文宗每五天就会亲自去给各宫太后问安，遇到节庆之日更是不敢怠慢。除此之外，每次臣下进献了什么珍稀之物，唐文宗肯定是先奉太庙，然后再送到各位太后的宫中，从来不会先行享用。原来有司将四时蔬果送到后宫都称为"赐"，唐文宗认为这是对太后的不敬，所以便将"赐"改为了"奉"。

唐文宗对长辈的尊敬之心着实令人感叹，他之所以能够如此孝谨恭顺，也和他自幼爱好学习有着莫大的联系。唐文宗从小便聪敏好学，尤其喜欢阅读《贞观政要》，心中最佩服的人就是先祖唐太宗。

唐文宗读书的习惯一直到登基之后也没有更改，每当退朝之后他便手不释卷，很少饮宴，也不近女色。他曾对身边的侍者说过这样的话："如果我不能在甲夜亲自处理政事，乙夜博览全书，又怎么能做好天下之主呢？"文宗还十分热爱文学，对那些有学识的臣子们十分欣赏。他经常和翰林学士柳公权一起讲谈经义，还留下了"人皆苦炎热，我爱夏日长。熏风自南来，殿阁生微凉"的佳句。

历经三朝的唐文宗早在当江王的时候就深感时代的弊政，心中便产生了"中兴唐室"的想法，只是碍于身份，才华不得施展。"天将降大任于斯人也"，突如其来的皇位对他来说是一个从天而降的机会，一个帮助自己完成夙愿的机会。正是因为心中多年的理想，所以文宗登基后不久就开始对唐朝的弊政进行大规模的改革。

穆、敬二朝虽然只有短短的七年时间，但因为两个皇帝的昏庸无道，整个朝廷已经是面目全非，了无生机。为了改变穆、敬二朝奢靡成风的现象，他即位之后便将后宫多余的宫女释放回乡，人数达到了三千之众。接着他下旨将五坊内各种珍稀的观赏动物都放归山林，大有仁君之风。唐敬宗在位之时喜欢大肆封赏，宫中的财物都被他挥霍殆尽。唐文宗废除了这一制度，宣布无功不受禄。他还免除了四方进贡，并将皇宫强占百姓的土地全部归还，停止了唐敬宗时期一切无用的享乐设施的修建。

裁减后宫、停止营建之后，唐文宗还拟订了裁撤朝廷冗员的计划。唐文宗即位之初，朝廷各个机构冗官的现象较为严重，不少官员尸位素餐，不仅浪费国家的财政收入，还大大降低了政府部门的办事质量和效率。唐文宗在统计了各部门的官员人数后，下旨将一千二百多名官员遣放还乡。

除此之外，唐文宗还身体力行，用自己的实际行动给天下臣民做出了表率。作为一个皇帝，唐文宗的日常生活十分简朴，史称"恭俭儒雅，出于自然"。他经常身着粗布素服，对臣下和皇亲国戚们也是如此要求。

以往的皇帝每逢自己的生日都要大肆庆祝，而唐文宗却将自己的生辰定为"庆成节"，不许屠杀牲畜，只许食用蔬果，也不许臣下饮宴祝寿。而且每当各地发生了水旱灾荒，唐文宗都是痛心疾首，主动要求削减自己的膳食。唐文宗的种种做法都是在向天下人宣示他的决心,那就是他是一个勤俭的皇帝,而他的朝代将不会再有不合时宜的靡靡之音。

和穆宗与敬宗的慵懒懈怠不同,唐文宗十分勤勉,对政事也非常关心。他自从即位,便下令恢复了原来皇帝单日听朝、双日放朝的制度,并付诸实践,风雨无阻。不仅如此,他还特意将节庆之日安排在双日,这样就不会影响到单日上朝的时间。

为了了解民间的困苦,为治理寻找良好的办法,他将臣子们都召集起来,一起讨论治国之道。到了太和九年(公元835年)十二月,唐文宗还下旨铸造了"谏院之印",赋予了谏官们权力,让他们能够充分发挥匡扶社稷的作用。因为他的努力,文宗朝俨然形成了一种多年未出现的政治清平的氛围。当时的宰相裴度眼观唐文宗的种种表现,激动得热泪盈眶,大呼"太平可期"。在群臣和天下百姓看来,拥有了这样一位好皇帝,那盼望多年的太平盛世还会远吗?

零分作文

对于新帝的振作，王守澄等人并没有放在心上。在他看来，唐文宗所做的这些裁减后宫和官员、罢免进贡之事只不过是每个皇帝刚即位之后都会做的笼络民心的小伎俩。王守澄依旧我行我素，对裴度、韦处厚等朝中大臣不屑一顾，经常和他们对着干。不仅如此，他倚仗自己拥立有功，从来不把唐文宗放在眼里。王守澄这么做虽然有损唐文宗的尊严，但这也未尝不是给文宗积蓄力量提供了一个良好的时机。

然而理想虽然美好，现实却极端残酷。唐文宗虽然锐意进取，为了朝政宵衣旰食，但他自己心里也很清楚，以他的一己之力又怎能如此轻易地消除唐朝多年的积弊呢？以他多年的观察来看，要恢复大唐帝国原有的万千气象，有三个问题亟待解决，那就是藩镇割据、宦官专权和朝廷内部的党争。

藩镇割据问题本来在宪宗朝已经基本解决，虽然有些藩镇是表面归顺，但总体还是保持了统一和稳定的局面。但到了穆、敬二朝，因为皇帝的无能，藩镇问题又死灰复燃，已经不是那么容易解决的了。对于这种态势，唐文宗一时也想不出什么好的解决之道，于是他运用了软硬兼施的办法，尽量将全国的政局稳定在可以控制的范围之内。只要藩镇不爆发叛乱，那么基本上不会牵制到他在朝廷内部的改革。

至于党争问题，此时历史上著名的"牛李党争"已经悄然拉开帷幕。唐文宗在万般无奈之下只得陆续将这两派的官员调离中央，这样就减少了两党发生冲突的概率。这么做虽然不是万全之策，但一时间还是取得了一定的效果。

稳住了藩镇和朋党之争后，唐文宗将要面临的是一个巨大的挑战，那便是多少年来也没能解决的宦官专权问题。虽然说在唐文宗的登基过程中，宦官立下了不少功劳。甚至可以说没有王守澄，唐文宗根本不可能坐上皇帝的宝座。但唐文宗并不想成为宦官手中的木偶，所以他在即位之初就下定决心要解决"天子受制于家奴"的问题。

根据分析，唐文宗之所以对宦官们如此深恶痛绝，除了他作为一个皇室成员，亲身感受到了宦官专权给国家带来的危害，还有两个十分重要的原因。

其一是王守澄虽然拥立他为帝，但也不过是出于自己利益的考虑。在他登基之后，王守澄将他看成了和穆宗、敬宗一样的傀儡皇帝。王守澄不仅对他毫无尊敬之意，而且气焰越来越嚣张，简直到了不可一世的地步，这大大损害了唐文宗作为一个皇帝的尊严。

其二是自己的哥哥唐敬宗虽然是个荒唐的皇帝，但他的确死于宦官之手，这是个不争的事实。不仅敬宗如此，之前的宪宗和穆宗的死都和宦官脱不了干系。然而更为荒唐的是这些犯了大罪的宦官们不仅没有受到任何惩罚，反而依旧过着自己逍遥的日子，这怎么能不让唐文宗气愤，要杀宦官而后快呢？

唐文宗想要铲除宦官专权的想法一经提出，马上得到了朝廷上下的一致赞同。其实朝中上下对铲除宦官的呼声一直都很高，就在不久之后的一次制举考试中，一位考生的对策就充分显示了士大夫阶层与宦官们日益激化的矛盾。

太和二年（公元828年）三月，朝廷照例举行制举考试，以贤良方正与直言极谏问策取士。在这次考试中，幽州昌平人刘蕡的对策如平地惊雷，震撼了整个朝野。在这篇对策中，刘蕡详细论述了宦官专权乱政的弊端，言辞十分犀利。

刘蕡的对策条理十分清晰，他先是指出了本朝宦官擅权的现象，称宦官"亵近五六人，总天下大政，外专陛下之命，内窃陛下之权，威慑朝廷，势倾海内，群臣莫敢指其状，天子不得制其心，祸稔萧墙，奸生帷幄"，使得"海内困穷，处处流散，饥者不得食，寒者不得衣，鳏寡孤独不得存，老幼疾病不得养"。随后他又指出出现这种状况的原因是朝廷的法度不能统一，而且任用官员的方法也有问题。最后，他甚至说宦官问题如果不彻底解决，势必会"宫闱将变，社稷将危，天下将倾，海内将乱"，可见当时天下人对宦官是何等恐惧和憎恨。

刘蕡的对策一举击中了时代的弊政，在当时的影响极大，大家都争相传阅他的这篇惊世之作。不仅如此，朝中很多官员都对刘蕡的观点十分认可，连当时主持对策的主考官冯宿也认为这篇对策堪比汉代晁错与董仲舒的对策。

大宦官王守澄得知有个叫刘蕡的进士写了这样的对策后简直是

怒不可遏，当场大骂刘蕡："何其狂妄乃尔！"另一个宦官仇士良甚至当着满朝文武的面质问当年进士科录取刘蕡的杨嗣复，为什么会录用刘蕡这个疯汉。杨嗣复本是个书生，见仇士良气势汹汹而来，一时不知所措，于是只能说："当初刘蕡进士及第之时尚未疯癫！"听杨嗣复如此回答，仇士良又恶狠狠地望向了裴度和韦处厚，他二人在这种局面下也是只有沉默。宰相都如此惧怕宦官，其他的大臣更不敢多说一句话了。最后冯宿和庞严只得将刘蕡的对策暗中压下，并没有递交给唐文宗。

虽然刘蕡一语大快人心，才华和眼光也被世人所肯定，但考官们因为惧怕宦官的权势，都不敢录取刘蕡。三月初九，朝廷的诏制颁行天下，该年的"贤良方正科"共取了二十二人，杜牧、裴休都在其列，就是没有语惊天下的刘蕡。

刘蕡落榜之后，朝中的许多官员都上书为他鸣不平。就连此次考试被录用的河南府参军李郃认为："刘蕡下第，我辈登科，诸位能不羞愧？"于是便上书唐文宗，称自己的对策远远不如刘蕡，没有资格上榜，愿意把自己的名额让给刘蕡。但奇怪的是，这封奏疏直递中书省后，便如泥牛入海，杳无音讯。

宰相们也知道朝中上下对此事的议论很大，但为了稳定局面，不至于引发事端，只好大事化小，小事化了。在当时的四位宰相中，裴度和韦处厚一直没对此事表态，窦易直资历不如裴、韦，更不敢站出来说话。至于王播，本来就是因为和宦官交好而获得宰相之位，就更不可能为刘蕡说话了。不仅如此，王播还对愤愤不平的御史们说："刘蕡这个人就只会招黄门之怨而已，怎么能解救得了呢？国家开科取士，本来就是为了求辅弼之才。这些人一定要识大体，岂容狂犬吠日？所以说刘蕡不取也罢。"

唐文宗虽然没有看到刘蕡的对策，也没能看到李郃等人为其鸣不平的奏疏，但对这件事他也是有所察觉的。无奈当时宦官权势熏天，而他又羽翼未丰，地位尚不稳定，根本没有办法公正地对待此事。但这件事情也让唐文宗看清了朝中大臣们的态度，加速了他一举铲除宦官的决心。

刘蕡虽然没有被录用，但他的名声已经传遍天下，不少人都仰慕他的大名。其后，刘蕡先后在令狐楚、牛僧孺的任下做过幕府，被授予秘书郎一职。但好景不长，不久之后他就因被宦官诬告，被贬为司户参军，最后死在了柳州任上。

刘蕡虽然惨遭毒害，但他的事迹还是被载入史册，为后世人所敬仰。唐朝的许多诗人，如李商隐等，都先后为他作过哀悼的诗文。昭宗时的大臣罗衮甚至向皇帝感叹，如果文宗当时采用了刘蕡的对策，那么后来国家也不至于演变到如此地步。唐昭宗对此事也深有感触，其后追赠刘蕡为左谏议大夫，并在民间寻访到他的子孙，授予其官职，让他们继承祖上遗志，为国家效力。

苦涩的甘露

太和九年（公元835年）十一月二十一日，韩约在朝堂之上向唐文宗奏报，说金吾厅出现了难得一见的祥瑞，后院的石榴树上降下了甘露。听闻祥瑞出现，唐文宗也是大喜过望。宰相李训和舒元舆等人趁势向皇帝祝贺，并请求唐文宗前去观赏。处在兴奋状态中的唐文宗马上便下旨命文武百官们前去观赏，其中当然也包括当时掌权的宦官。实则甘露祥瑞是假，李训等人想借此机会除掉宦官是真。

一行人到了含元殿后，唐文宗先是派了李训前去金吾厅看看情况。李训回来报告说甘露已经不是很明显了，但叫唐文宗不要宣扬出去。唐文宗对此事深表怀疑，便命身边的仇士良和鱼弘志带着宦官们前去看个究竟。

仇士良和鱼弘志出去后，李训马上召集王瑶和郭行余等人进入含元殿布置行动。然而此时王瑶已经吓得全身发抖，根本无法动弹。最后是郭行余带着自己数百名亲兵来到了丹阳门外等候诏命。

与此同时，仇士良等人已经进入了金吾厅的后院。众宦官纷纷围到石榴树下看祥瑞何在。因为树上本就没有所谓祥瑞，再加之计划还未施行，所以韩约的情绪十分紧张，甚至汗流满面。韩约的反常很快就引起了宦官首领神策左右军中尉仇士良的注意，就在仇士良询问他身有何故的时候，金吾厅后院突然刮起了一阵狂风。

就是这阵风吹起了幕帐的一角，早早埋伏在里面的将士就这样暴露了。机警的仇士良知道情况有变，马上带领众人回撤到含元殿。他来到唐文宗的前面，说金吾厅有人作乱，请皇帝赶紧回宫避难。李训见计划被打乱了，马上下令手下将士们提前动手。他命金吾厅的卫士们赶快前往含元殿保护唐文宗，并许诺事后给每人赏钱一百缗。

就在此时，宦官们率先带着唐文宗迅速从含元殿撤离。李训见状，马上拦住文宗御驾，奏报说："臣尚有要事禀报，望陛下留步。"然而仇士良根本不容许他说话，气势汹汹地称他要谋反。唐文宗事先知道此事，于是便想挣脱宦官们的控制。就在混乱之中，仇士良和李训扭打到了一起。然而李训孤掌难鸣，最后宦官们还是抬着唐文宗的御驾进入了宣政门。

等到众人率兵赶来，宣政门已经紧紧关闭。李训等人知道大势已去，便开始想要出逃。气急败坏的仇士良怎会放过他们？马上派神策军将领魏仲卿和刘泰伦从三面包围了朝官们办公的场所。大臣们不知何时，纷纷来问当值的宰相。当时值班的宰相王涯和贾𬙂并不知情，所以便请百官们回去。但此时宫门已经全部关闭，没能出宫的官员全部被当场斩杀，人数多达六百余人。

因为李训、舒元舆等人在事发之后就逃出了皇宫，所以在宫内的大屠杀之后，仇士良马上又派了千余名神策军在长安城内外大肆搜捕。一时间，整个长安陷入了骚乱之中。其后，李训、王涯、舒元舆都纷纷被捕。李训被抓之后不想忍受宦官们的侮辱，于是就恳求押送自己的官军说："现在朝廷的禁军在到处搜捕我，是因为抓到我就能得到朝廷的重赏。倘若禁军们见到我，肯定会抢先领功。你们还不如把我杀了，拿着我的首级去长安领赏吧。"这些人听李训如此说，便将他杀死，并把他的首级递上长安。

到了第二天清晨，朝会照常举行，但皇宫内外都有全副武装的禁军把守，气氛十分严峻。文武百官聚集在大殿之上，都噤声不语。唐文宗见状，便询问道："怎么不见王涯来上朝？"站在一旁的仇士良马上站出来禀报："王涯等人意图谋反，罪无可恕，已经被禁军逮捕入狱。"唐文宗此时已经失去了人身自由，在接到仇士良递上来的"谋反"罪状后，他只得命令狐楚和郑覃代行宰相之职。其后，令狐楚和郑覃便依令拟写了宣布李训、王涯等人"谋反"之罪的诏书。

太和九年（公元835年）十一月二十三日下午，王涯、舒元舆、郭行余等一干人被斩杀。在这之前，仇士良还让禁军挑着李训的人头在长安城中游街示众。这场事件前前后后延续了十几天，共有六七百个朝臣被诛杀，这便是文宗朝著名的"甘露之变"。

"甘露之变"的发生标志着唐文宗多年来想要铲除宦官的理想破灭，在这之后，唐文宗一改以前的强硬态度，对宦官问题不闻不问，任其发展。而宦官们在"甘露之变"后更是提高了警惕，为了保障自己的人身安全，他们一边将唐文宗软禁起来，一边想尽各种办法巩固自己手中的权力。

与此同时，全国各地也开始了多年未遇的自然灾害。在开成年间，天空之中频频出现彗星，用古人的说法就是凶兆不断，这对封建王朝的统治是有很强的影响的。在自然灾害的影响下，粮食减产，严重的时候甚至颗粒无收，不少百姓都流离失所。为了安抚灾民，唐文宗下发了很多赈济的诏书，但都没有收到什么成效。

开成四年（公元839年），旱灾波及了长安。六月，唐文宗派出许多使者去各处祈雨，但都没有收获。对于这种状况，唐文宗极度灰心。他召来宰相们说："如果上天再不降雨，朕就退居兴庆宫。你等另选贤明之主吧，朕也不再做这个皇帝了。"同年十二月，唐高宗和武则天合葬的乾陵竟也发生了大火。

因为这些事情的接连打击，唐文宗的意志逐渐消沉，原本已经痊愈的风疾也复发了。他无心问政，终日饮酒消愁。开成四年（公元839年）的一天，唐文宗和翰林学士周墀共饮，他问周墀："朕可以和前代的哪位君王相比呢？"周墀回答道："此事不是臣所能评价的。但依臣所看，陛下您堪比尧、舜。"

唐文宗惨淡地说道："朕怎敢和尧、舜。我问你，朕比之周赧王和汉献帝如何？"周赧王和汉献帝都是历史上著名的亡国之君，唐文宗这么说，周墀无言以对。唐文宗继而说道："周赧王和汉献帝被诸侯钳制，如今朕却受制于自己的家奴。这样说来，朕连他们都不如。"

唐文宗的一番话道尽了他心中的苦闷，"甘露之变"给予他的不仅仅是打击那么简单，他的自信、他的尊严、他登基时的意气风发都随着金吾厅里的那场刀光剑影而飞灰烟灭。如今的他已经不再是那个雄心壮志、挥斥方遒的皇帝，而是变成了一具自暴自弃的行尸走肉。

带着自己未完成的理想，唐文宗惨淡地度过了自己的余生。开成五年（公元840年）正月初四，唐文宗崩逝于太和殿，谥号"元圣昭献孝皇帝"，终年三十三岁，死后葬于章陵。"有帝王之道，而无帝王之才"，这是历史上对唐文宗的评价。唐文宗的一生虽然抱有远大的理想，也为此勤勤勉勉，但最终还是因为缺少治国才能而抱憾终生。

对于唐文宗为什么会在众多事件面前一事无成，无所适从，陈寅恪先生在他的《唐代政治史述论稿》中有这样的论述："夫唐代河朔藩镇有长久之民族社会文化背景，是以去之不易，而牛李党之政治社会文化背景尤长久于河朔藩镇，且此两党所联结之宫禁阉寺，其社会文化背景之外更有种族问题，故文宗欲去士大夫之党诚甚难，而欲去内廷阉寺之党则尤难，所以卒受'甘露之祸'也。况士大夫之党乃阉寺党之附属品，阉寺既不能去，士大夫之党又何能去耶？"

第六章

会昌中兴，在困局之中异军突起

不得不死的太子

唐武宗本名李瀍，登基之后更名为李炎。他出生于元和九年（公元814年），是唐穆宗第五个儿子，也是唐文宗的弟弟，即位之前的封号是"颖王"。唐文宗崩逝于开成五年（公元840年）正月，死时虽然只有三十三岁，但也已经有了自己的子嗣，甚至曾经册立过太子。所以说唐武宗的即位又是一场不正常的权力斗争的产物，这当然也与晚唐的宦官专权乱政有着推脱不掉的干系。

武宗李瀍二十七岁时登上皇位，在此之前，作为穆宗第五子的他可以说是根本和皇位无缘。事实上李瀍心里也清楚地知道这个事实，所以一直本分地做着他的王爷，任凭皇位频繁地在父亲和哥哥几个人手里转来转去，对自己没有抱太大的希望。正是出于这种想法，唐武宗在做王爷之时便一直寄情于山水之中，将所有的心思都花在颐养性情上。

不仅如此，他还效仿自己的父亲唐穆宗笃信道教，并经常与道士相往来，也炼制一些丹药。李瀍性情爽直，与哥哥唐文宗的关系颇好。但即使是这样，他也没有引起皇帝或者当权者——宦官们的过分关注。而这在那个宦官当道、权力纷争的年代，不得不说是一种幸运。所以说唐武宗最终能够登上皇位，也和他当时的这种幸运有着莫大的联系。

和唐朝的其他子嗣众多的皇帝相比，唐文宗的儿子并不多，只有长子李永和次子李宗俭，分别被册封为鲁王和蒋王。长子李永乃王德妃所生，因为是自己的长子，所以唐文宗十分重视对其的教育和培养，从朝中才德兼备的大臣中选了不少师傅来教导他。

虽然唐文宗对李永倾注了很大的希望，无奈"子不类父"，李永不仅不爱学习，甚至可以说是胸无大志，每日只知游玩嬉闹。对长子的希望破灭之后，文宗便将目光转到了晋王李普身上。李普是唐敬宗之子，并非文宗所生，但其生性谨慎，深得唐文宗的欢心。唐文宗甚至一度想将他过继为自己的儿子，但现实又一次给予文宗以打击。

太和二年（公元828年）六月，年仅五岁的李普夭折了。当时唐文宗十分感伤，并追赠李普为皇太子。也是因为这些事情的接连打击，唐文宗对自己的子嗣问题一直是很苦恼的，所以一直都没有册封太子。

唐朝从宪宗死、穆宗即位之后，皇位和嗣位都极其不稳定。就在李瀍安享他的王爷生活时，哥哥文宗却频频遭遇危机，后宫及朝堂暗涌不断。唐文宗是个胸怀大志的皇帝，欲改革却心有余而力不足。

"甘露之变"失败之后，朝廷完全落入了大宦官仇士良、鱼弘志等人的掌控之中，就连册立太子这种关乎帝国未来的事，文宗都没有实权。到了太和六年（公元832年），在大臣们接二连三的请求下，唐文宗才不得不依照"嫡长制"的规矩将鲁王李永立为皇太子。

既然已经册封鲁王为东宫太子，那么唐文宗就不得不对这位国家下一代的君王负起责任。为了让太子李永改掉之前终日无所事事的毛病，唐文宗特意挑选了当时有名的萧倪为太子少师，翰林侍讲高元裕为太子宾客，又命给事中韦温、兵部尚书王起等人充任太子的侍读。

虽然唐文宗为太子费尽心思，但"江山易改，本性难移"，李永还是像往常一样终日沉迷于享乐之中。韦温看不过太子的这些做法，就好言相劝道："殿下您正处于盛年，应当每日早起，向周文王学习，鸡鸣时问安西宫。"然而习惯了享乐生活的李永又怎么会听取韦温的意见呢？最后韦温实在看不下去，就辞官回乡了。

开成三年（公元838年）十月的一个风雨交加的夜晚，太子李永暴毙，死因不详。李永死后，唐文宗悲恸不已，追赐其为"庄恪太子"。根据史书中的记载，唐文宗确实和李永的死有着密切的联系，而且在其死后，他是十分后悔的。开成三年（公元838年）的一天，唐文宗召尚书左仆射牛僧孺入朝。当时李永刚死不久，牛僧孺便和唐文宗探讨了有关父子君臣的人伦道理。据说当时唐文宗在谈到此事时竟然泪流不止，可见他对当初草率地处理李永的行为深有悔意。

李永的死使得文宗十分伤感，甚至抑郁成疾。在开成四年（公元839年）的一次饮宴之上，唐文宗甚至感叹自己枉为天子，连保全儿子的性命都不能。说完这番话后，他便将东宫的乐官刘楚材和一干宫人等叫上前来，怒骂道："都是你们这些小人让朕妄害了太子，如今有了新的太子，你们是不是还要重蹈覆辙？"盛怒之下的他便下旨将这些乐官和宫人全部处死，这件事情说明当时的后宫也不能避免受到朝堂纷争的波及。

太子一死，杨妃终于如愿以偿。随后她便极力向文宗推荐安王李溶为皇太弟，并希望唐文宗能将皇位传给他。其实除了李永，唐文宗还有一个儿子，那就是蒋王李宗俭。但不幸的是这个皇子也在开成初期就去世了，所以唐文宗此时也不得不考虑杨妃的意见。正当文宗犹豫时，宰相李珏力劝文宗立唐敬宗第六子——陈王李成美为太子。开成四年（公元839年）十月，文宗立李成美为皇储。但是还没有来得及行礼册封，文宗就一病不起，随后便匆匆离开了人世。

唐文宗一死，继承人问题马上就成为整个朝廷的头等大事。唐文宗生前虽然有意立陈王李成美为太子，但仪式还没有举行，难免还存在着变数。其实在唐文宗弥留之际，他曾密旨召宰相李珏与宦官、枢密使刘弘逸等奉太子，也就是李成美监国。但是宦官、神策军左右护军中尉仇士良、鱼弘志心中却另有打算。

从他们的角度来看，一旦李成美顺利登基，宰相奉旨监国，那么他们就很有可能地位不保。所以为了贪拥立之功，他们竟置文宗的圣旨于不顾，以陈王李成美年幼多病，难以掌管国事为由，要求更换皇太子。当时的宰相李珏虽然反对他们这么做，但无奈的是手里没有兵权，根本无法跟大权在握的仇士良和鱼弘志相对抗。最后仇士良等人便伪造了圣旨，准备册立安王李溶为皇太弟，并迅速派出神策军前往十六王宅迎请李溶即皇帝位。

但是事实上，最后被神策军迎入宫中，在文宗枢前即位的并不是安王李溶，而是颍王李瀍。这又是为何呢？说到此事，就不得不提及颖王背后的一个女子了。这位女子姓王,原本是一名歌妓,是颖王一次去邯郸游玩时偶然结识的。这个王氏不仅生得花容月貌,而且歌舞俱佳,深得李瀍的喜爱。而正是这位能歌善舞的美人在这个关键时刻发挥了巨大的作用,从而改变了颖王李瀍后半生的命运,并将其推上了皇位。

几天之后,被立为皇太弟的李瀍就在哥哥的灵前即位,是为唐武宗。

大权是我的，你不能抢

唐武宗在位年间，除了推行了一系列对国家有利的政策之外，还在很大程度上压制了宦官，比如罢黜仇士良就是鲜明的例子。事实上，唐武宗想要抑制宦官的想法在他即位初期就开始表现了出来。

唐武宗即位之初，朝野仍处于仇士良等人的完全掌控之下，政治状况极其黑暗。武宗初期受其胁迫，曾大开杀戒，不得已赐死了安王李溶、陈王李成美与文宗的宠妃杨氏。当时的大宦官枢密使刘弘逸和薛季棱等人因为曾有宠于文宗，所以便引起了仇士良等人的嫉恨。为了消除自己的敌对势力，仇士良要求武宗在文宗葬礼上杀死刘弘逸等人。唐武宗迫于权势，便顺水推舟，下诏赐死了这些宦官。

对宦官也有诸多不满的唐武宗，并不是像自己的哥哥唐文宗那样采取极端措施来打压他们，而是采用逐渐冷淡的态度和隐秘的手段来对其进行压制。当初武宗拜崔铉为相时，没有同枢密使等大宦官商量，自己做了决定之后就直接颁旨了。

但按照中唐时期以来的惯例，皇帝选择宰相应当与枢密使商议并达成共识，所以崔铉拜相之后，当时的枢密使杨钦义等人颇受官中有资历的老宦官们诟病，认为是他们懦弱不敢任事，导致皇帝破坏了老规矩，损害了宦官集团的权益。其实杨钦义又何尝愿意如此？只是新皇决意削弱宦官的势力，而且态度十分强硬，他杨钦义又岂敢去撄皇上的逆鳞呢？

还有一次，大宦官仇士良自恃拥立武宗有功，所以武宗即位之初，便上表要求按照惯例，将他开府仪同三司的官阶恩荫他的一个儿子，谁料竟然被经办此事的给事中李中敏驳回了，理由是："开府阶诚宜荫子，谒者监何由有儿？"

李中敏此举不仅大大地拂了风头正盛的仇士良的面子，还十分毒舌地暗讽了宦官们身有残缺，只能断子绝孙，不能有儿子。这句话辱及整个宦官集团，已经不仅仅是李中敏与仇士良二人之间的恩怨了，如果在宦官专权已达极致的文宗时期，李中敏做出这样的事必定难逃一死。正是因为看到唐武宗要打击宦官势力的坚定态度，所以李中敏才敢于这样做，而仇士良也只能打落牙齿和血吞，不敢对李中敏有所报复。

武宗在执政的前几年时间里，并没有花太多的时间处理宦官之事，而是将主要的精力都放在了对外事宜的处理之上。唐武宗可以说将所有的希望都寄托在宰相李德裕的身上，李德裕当然也没有辜负唐武宗的期望，在对这些事的处理上都表现出了极强的能力与魄力，例如收降回鹘等地就是在这一时期达成的。

仇士良等人因拥立武宗登基有功，加上在前朝一手遮天，所以此时在朝廷上很是跋扈，可以说是谁都不放在眼里。然而李德裕的出现给了仇士良一个下马威，唐武宗对李德裕的信任和喜爱使得仇士良逐渐感到了危机和压力。为了打击李德裕,以便重新控制武宗,仇士良决定先发制人,给李德裕一个警告。但出乎其意料的是,这件事丝毫没有打击到李德裕,反而给自己制造了难堪。

会昌二年(公元842年)四月,群臣上表向天子进献尊号,称其为"仁圣文武至神大孝皇帝"。按照惯例,唐武宗将登上丹凤楼接受尊号并宣布大赦天下。此前一天,曾有人私下里告诉了仇士良,宰相和度支正在草拟诏书,打算削减禁军的日常供给以及马匹所需的草料,并将在第二天皇帝宣告大赦令时发布。

仇士良一听此言,便想趁着这个机会给李德裕难堪,他思忖道:"明天皇帝大赦天下,满朝文武必将云集于丹凤楼。在这样一个盛大的典礼上,要是出了什么状况,岂不是有场好戏看?"想到这里,仇士良不管消息是真是假,就把这件事假装无意地散播给了禁军的将士们,目的就是引起禁军士兵的哗变。

仇士良更是当着朝臣们的面扬言说道:"要是果真是这样,到了明天,军士们一定会跑到丹凤楼前请愿。"这一番话与其说是在向朝臣们提出警告,不如说是在向神策军士兵发布行动指令。

这件事传到李德裕的耳中,李德裕听说此事之后马上就意识到事态的严重性。为了稳住局面,他立即进宫面见唐武宗,请求他在延英殿上亲自澄清此事。武宗听了事情的原委后大怒,马上派特使带着圣旨到左、右神策军前宣布道:"大赦的诏书中根本无此事。而且赦书都是出自朕意,并不是宰相拟定的,你们从哪儿听说的这些话!"神策军的将士们一时都被震慑住了,都默默无语。

皇帝亲自辟谣,而且姿态如此强硬,可见武宗对宦官的态度是何等分明。仇士良听说唐武宗派特使来到神策军后,也知道自己完

落日照大旗
馬鳴風蕭蕭

出征图　清　徐方

避暑宫图轴 宋 郭忠恕

全陷入了被动的境地。与此同时，他也明白了一点，当今的皇帝和宰相李德裕可不像当年的李昂和李训、郑注那么简单。他们君臣二人作风强硬，办事滴水不漏，行动果决，不是那么容易对付的。面对这种情况，骄横惯了的仇士良也不得不妥协，惶恐不堪地前去晋见唐武宗，并惭愧地称自己罪责难逃，还当面对李德裕表示歉意。

仇士良的阴谋虽然败露了，但他毕竟在宫中多年，不仅饱经风雨、经验丰富，而且在后宫和前朝都有着盘根错节的关系网，不能轻易撼动。因此唐武宗不仅没有严厉查办仇士良及其党羽，反而给他升了官。早在会昌元年（公元841年）八月，唐武宗就忽然加派他为观军容使。

武宗此举十分巧妙，因为观军容使虽然品阶较高，却是个虚职，唐武宗这么做表面是在擢升仇士良，实际上却是将他慢慢从拥有实权的神策军调离出去。此时的仇士良虽然依旧兼任着左神策军中尉，但他在内心深处也隐隐感觉到，唐武宗也许下一步就会将他的禁军兵权解除掉。

而作为大唐帝国的一位久经政坛的旧臣元勋，李德裕当然十分清楚阉党擅权给皇帝、朝廷和社稷造成的巨大危害。且不谈他的心中有着重振朝纲、澄清宇内的伟大政治理想，单就李德裕的个人心性和他的家世背景而言，他也绝不能容忍自己屈居于宦官集团的控制之下。更何况"一山不容二虎"，仇士良等人也不可能容忍自己的权力受到威胁。

这样一来，在有限的权力和利益资源下，李德裕想要争得一席之地，就必须制约并打击对方势力。因此于公于私，李德裕都知道自己的地位和立场。所以李德裕和仇士良从一开始就必然处于绝对的对立面，根本不可能产生调和。

而此次李德裕得以战胜仇士良，关键就在于他反击及时，使仇士良"刀未出鞘"时就宣告失败。此次的成功，也说明他和武宗对付宦官的这套办法有了效果。对于他们无懈可击的举措，仇士良等人完全没有招架的能力。秉持着这种战略思想，在之后的几个月内，宦官们的势力大大削弱。

李德裕的成功除了措施得当之外，还有两个重要的原因：一是唐武宗对李德裕的绝对信任，二是李德裕与宦官新贵、枢密使杨钦义的深厚交情。如果没有唐武宗的绝对支持，李德裕此举根本不能发挥其作用。至于杨钦义，虽然也是宦官中的一员，但作为后起势力的他，当然是站在皇帝和李德裕这边的，对制约仇士良一派很有帮助。

这件事过后，仇士良感觉到唐武宗似乎越来越不重视他了，一丝危险和冷意也慢慢朝自己逼来。在武宗和李德裕的统治之下，他很难再掌控这个政坛了。随着这种不妙的预感越来越强烈，仇士良决定以退为进，以身体有疾提出辞职。唐武宗看了他的辞书，于是便顺水推舟，同意了他暂时从神策军营退下。

在这之后，唐武宗下旨解除了他的军权，改任他为内侍监。到了会昌三年（公元843年），仇士良明白自己大势已去，觉得再在皇宫待下去也没有什么意思，于是又一次向武宗要求致仕，而武宗这次没有挽留他。不久之后，仇士良离开了内侍监，正式退出了他热衷多年的政治舞台。

仇士良致仕后不久，便于会昌三年（公元843年）六月死在了自己的府邸里。第二年六月，唐武宗诏令削去了仇士良的所有官爵，并抄没其全部家财。仇士良这一去，另一个大宦官鱼弘志遂成了惊弓之鸟，再也无法兴风作浪。有李德裕这样强势的宰相撑腰，唐武宗终于在宦官面前重拾了帝王的自信。为了回报李德裕，唐武宗对其的信任倍增，在朝政上也对其越发倚重，仇士良这一派彻底丧失了专权的基础。

不过看到仇士良的衰败，李德裕心里还是有所顾忌的。会昌三年（公元843年）四月，李德裕就屡次向武宗提出隐退或调任闲职。对李德裕的请求，唐武宗坐立不安。在他看来，如今大业未成，怎么能离开李德裕的辅佐呢？经过唐武宗的再三挽留，李德裕这才放下心来，没有固执地弃武宗于不顾。

唐武宗拆寺

唐代，因为君王的提倡和引导，佛教一度达到了极其鼎盛的局面。有唐一朝，全国各地都遍布着佛寺，僧尼的数量也是以往任何朝代都无法比拟的。为数众多的僧尼和寺庙消耗掉了国家的大笔财富，并且随着佛教的兴盛，寺庙经济逐渐演变成了一种新的经济形式，并在国家各类经济中的比重越来越大，严重制约了社会经济的发展。

根据唐代文人杜牧在他所写的《杭州新造南亭子记》中的记载，武宗之前的文宗在其在位时期便感觉到了寺庙经济对于国家财政的强大影响力。唐文宗曾经对自己的宰相说过这样一番话："古者三人共食一农人，如今又加上了军队和僧佛两道，那就是一农人为五人所食，其间吾民尤困于佛。"

但就当时的政治情况来看，唐文宗虽然有此感叹，不过他主要的精力仍放在清除宦官专权一事上，所以也无暇顾及此事。再加上佛教在唐朝根深蒂固，唐文宗想撼动也未必可行。唐武宗即位之后，也深刻地感受到佛教过盛的弊端，性情率直的他甚至为此事大怒道："让朕的天下如此贫困的正是佛教！"

而在唐武宗其后颁布的《拆寺制》，也有这样的叙述："两京城阙，僧徒日广，佛寺日崇。劳人力于土木之功，夺人利于金宝之饰……且一夫不田，有受其馁者；一妇不织，有受其寒者。今天下僧尼，不可胜数，皆待农而食，待蚕而衣。寺宇招提，莫知纪极……"意思就是说佛教的发展使得天下人除了负担自己的生活之外，还要养活这些不劳而获的僧尼，于国于家都是大大的不利。正因为如此，唐武宗下定决心灭佛，这也是出于对国家财力、人力的一种保护措施。

除了为经济问题考虑之外，唐武宗在会昌年间进行大规模的灭佛活动还有一个重要原因，那就是佛、道二教之间因为各自的信仰不同，时有分歧和斗争，而信奉道教的唐武宗自然也就站在了佛教的对立面上。和其他的君王一样，唐武宗也十分向往长生不老，他在位时宠信一个叫赵归真的道士，并拜他为师学习"神仙之术"。

赵归真心地狭隘，因为受宠于皇帝，便每每在与武宗交谈的时候诽谤佛教，目的就是想让道教一统天下。他对唐武宗说："佛教系外传宗教，本就不是中国之教，而且蠹耗生灵，危害颇多。恳请陛下尽快将它废除。"对于赵归真的话，武宗是深信不疑。王说的《唐语林》也记载了这件事，称"……上惑其说，遂有废寺之诏"，意指正是道士们的唆使，唐武宗才下旨灭佛。

除了上述的两种原因外，还有一种说法是，认为唐武宗是为了找寻流亡在外的王叔李怡，也就是后来的唐宣宗，才以灭佛作为掩护。宣宗李怡是宪宗的第十三子，为人颇为低调，但实是韬光养晦之举。唐武宗即位之后，对自己的这位叔叔十分猜忌，为了防患于未然便想将其杀死。

但当时奉旨处死李怡的宦官都很同情他，于是便偷偷将他救下，而李怡为了躲避武宗的诛杀便遁入空门，隐于江湖之中了。正因为有这样一段故事，所以不少人就猜测唐武宗大肆灭佛的真正目的就是找到自己的这位叔叔，斩草除根，免于后患。

虽然这种说法于情于理也说得过去，但到底有没有确实的依据呢？后世持这种观点的学者一般都是依据唐朝旅居中国的一位名叫圆仁的日本僧人所撰写的《入唐求法巡礼行记》中关于此事的记载：

"道士奏云：'孔子说云：李氏十八子昌运方尽，便有黑衣天子理国。'臣等窃惟黑衣者，是僧人也。"

这段话看起来毫无章法，其中又有什么深意呢？在道士们看来，"十八子"组合起来就是唐朝君王所姓之"李"，而唐武宗正是唐朝自开国以来的第十八位君王。所以说这句"李氏十八子昌运方尽"是一句谶语，意思指会有僧人取代唐武宗的地位，而这个黑衣天子便是指云游为僧的光王李怡了。

但这个说法至今也只是猜测而已，聊做补备，终不能尽信之。如果真有其事的话，那么武宗灭佛也应该是上述原因的综合作用，光王之事和道士们的挑唆应该只是直接的原因，并不是根本目的。

为了灭佛举措能够更好地推行，唐武宗先是命祠部调查了唐朝当时各地的寺庙和僧尼的数量和分布情况。祠部是唐朝主管宗教事宜的部门，所以调查这些数据也不是很费力。

会昌五年（公元845年）的五月，祠部给唐武宗呈上了一封奏疏，称全国各地有寺院共四千六百余所、兰若四万余所，僧尼更是多达二十六万余人。在调查清楚了各地的情况之后，唐武宗便开始制订具体的推行方案，为后续工作做好准备。

会昌五年（公元845年）七月，唐武宗正式颁布制书，宣布推行其打压佛教的政策。在这封制书之中，唐武宗严格规定了各地所能保留的寺院和僧尼数量。

例如长安和洛阳作为都城，可以各保留寺院两座，而每座寺院仅可保留僧人三十名，也就是说整个长安一共只允许有两座寺庙，六十名僧尼。至于地方各州，则分为三等，所留僧人依等级递减，依次是二十人、十人和五人，且不论州的等级高低，都仅允许保留一座寺院，而那些没能保留下来的寺院全部勒令拆除。

根据《唐大诏令集》中的记载，这次灭佛共拆毁寺院四千六百余所，兰若四万余所，这和之前祠部所公布的数字符合，也就是说几乎所有的寺庙都在这一时期被拆除了。《武宗实录》中记载的数字比这个稍微少些，但也是所差无几。寺庙被拆之后，僧尼们也被强制还俗，而寺院之前所拥有的田地和财产全部没收，佛像等佛器也被朝廷回收用于铸钱。

"会昌灭佛"一经实施，效果很快就显现了出来。首先，拆除的寺庙不但日后不用再消耗国家资产，而且还有大批的田产和钱财充公，大大缓解了国库的压力。其次，这些僧尼还俗之后便从享乐阶层直接转变为农户，自此之后便要开始向朝廷缴纳税粮，也要相应地承担徭役，这也确实给当时的政治和经济减轻了不少负担。

但"有一利必有一弊"，唐武宗的这次打击佛教的行为大大伤害了百姓们的宗教感情，或多或少也给自己的统治带来了一些负面的影响。不仅如此，在这次灭佛行动中，一些其他的宗教，如摩尼教、景教等也受到了冲击，这就大大影响了中国宗教文化的多面发展。

发生在唐武宗会昌五年（公元845年）的这次打击佛教的事件，在古代史上一般称为"会昌灭佛"，而在佛教史上则被称为"会昌法难"。"会昌灭佛"是中国古代为数不多的打压佛教活动中比较重要的一次，对当时和后世都产生了较为深远的影响。

唐武宗最大的缺点就是过于信奉道教，喜好神仙之术。他信奉道教，从年轻之时就一直与道士们来往密切，并且常年效仿其父痴迷于炼制仙丹。他虽然在其他事情上都能听取臣下的意见，但在这件事上，他一直是固执己见，从不听人的劝告。他甚至把唐敬宗当年所宠信的道士又重新请入宫中，耗费巨资修建了九天道场。当时的右拾遗王哲对此事很不理解，就上书力谏，武宗不但不听，反而下旨贬王哲为河南府士曹参军。

唐武宗还封宠爱的道士赵归真为左右街道门教授先生。对于这件事，宰相李德裕也劝谏过武宗好几次，但武宗却对他说自己只是与赵归真论道排忧而已，绝不让其过问军国政事。李德裕见唐武宗故意搪塞他，便说道："小人见势利所在，则奔趣之，如夜蛾之投烛。闻旬日以来，归真之门，车马辐辏。愿陛下深戒之！"但唐武宗依旧是将他的话当成耳边风。不过唐武宗虽然对赵归真极其宠信，但确实从未让其染指过军国政事，这一点也算是给李德裕的一点安慰吧。

因为过分迷信术士，唐武宗最终也成为唐朝服食丹药而亡的皇帝之一。长期服用一些金属含量过高的丹药使得唐武宗的性格十分暴躁，且喜怒无常。出于这个原因，后世对于唐武宗的评价也是褒贬不一。

到了会昌五年（公元845年），武宗的身体状况一日不如一日，但还是很相信术士，依旧服用那些对自己身体伤害极大的丹药。而到了会昌六年（公元846年），唐武宗的病体已经无法支撑他上朝议事。该年三月二十三日，唐武宗薨逝，临死前口不能言，终年三十三岁。武宗死后，继承其皇位的是他的叔叔——光王李忱，也就是后来的唐宣宗。

第七章
宣宗之治,最后的希望之光

装傻装出来的皇位

唐宣宗名李忱（原名李怡），是唐宪宗的第十三个儿子。他的生母郑氏本姓朱，乃润州人士，是原浙西观察使李锜家中的一个小妾。李锜之所以纳郑氏为妾是因为在他到达浙西任职之后，有个术士告诉他，郑氏的面相以后会生出天子。其后李锜作乱被朝廷处死，郑氏就随同李锜的家眷们没入掖庭为奴。当时宪宗的贵妃郭氏看中了她，便把她从掖庭调到自己身边充任侍女。

郑氏天生丽质，不久之后为唐宪宗所宠幸，从一个普通的宫女成为后宫妃嫔中的一员。宪宗元和五年（公元810年）六月二十三日，郑氏在大明宫生下了儿子李怡，这就是后来的唐宣宗。李怡并非唐宪宗的嫡子，而且名次比较靠后，所以几乎是没有可能继承皇位的。长庆元年（公元821年）三月，继承了宪宗皇位的唐穆宗封李怡为光王，所以自此之后他就一直以亲王的身份住在十六王宅中。

十六王宅是位于长安城西北角的一个独立坊区，南邻兴宁坊，西边是长乐坊。这片区域内的建筑和普通的民宅不同，都是一些十分华丽的住宅，而住在这里的就是唐朝的诸位亲王。

和其他的皇子不大一样,光王李怡从小在智力方面就有些缺陷,而且为人沉默寡言,不善与人交谈。由于李怡的这种特殊情况,所以他在当时是皇位继承中最没有威胁的一位亲王。

也正是因为他和其他人在政治上几乎没有利益冲突,所以十六王宅中的其他王爷对他的态度也很特别,他们既同情这个呆头呆脑的王爷,又忍不住经常戏弄和取笑他。之后的敬、文、武三位皇帝都是以兄终弟及的方式继承了皇位,李怡就自然而然成了三代天子的皇叔。李怡虽是皇叔,是他们的长辈,但几乎从来没有受到过这几位侄子的尊重。

唐文宗是十六王宅中第一位登上皇位做天子的王爷,他在即位之后还会不时地回到自己的故地,和自己的皇叔以及兄弟们叙叙旧。一日,唐文宗又来到十六王宅与亲王们饮宴,李怡作为皇叔,当然也在其列。宴席之上,众位王爷与唐文宗觥筹交错,欢声笑语不断,只有光王一人在旁默默不语。

唐文宗见他如此,便笑言道:"你们谁能让皇叔开口说话,朕重重有赏。"王爷们本来就经常戏弄光王,如今听说皇上有赏便纷纷离席前去逗弄他。但奇怪的是,无论众人怎么捉弄,光王就是一言不发,而唐文宗看着他木讷的样子和其他王爷无奈的表情居然大笑不止。

文宗之后的武宗性格颇为爽直,对这位皇叔更是无礼,经常以捉弄取笑他为乐。武宗在位之时还一度怀疑光王的沉默寡言和那种与世无争的态度都是故意装出来的,其实内心深处有着不可告人的秘密。正是因为有这样的猜疑,所以唐武宗即位之后从内心深处对自己的叔叔产生了一种厌恶感,经常让他难堪,在众人面前下不来台。

为了彻底消除光王对自己的威胁，唐武宗甚至想将他杀死，以绝后患。根据《续皇王宝运录》中的记载，唐武宗为了除去自己的皇叔，偷偷命宦官将光王幽禁起来，并把他沉于宫厕之中。宦官们十分同情光王，就对皇帝说："光王不应被沉于厕中，还不如就此将他杀死吧。"唐武宗听了便同意了他们的做法。其后，这些宦官将光王解救出来，并秘密地供养起来，对上谎称光王已死，这样才保住了他的性命。

也有说是唐武宗借打马球之机，命宦官仇士良趁机将光王杀死。仇士良于心不忍，于是便让手下的宦官将光王抬出皇宫，并向唐武宗奏报说："光王不小心落马，已经救不活了。"就是因为仇士良的一丝善心，可怜的李怡才保住了一条性命。据说为了远离纷争，李怡选择了出家为僧，自此之后，他就离开长安，一直在江湖之中游荡。但这件事是否属实也还存在着很大的争论。

无论如何，唐武宗虽然用尽办法打压和折磨他，李怡还是坚强地活在这个世上，而他对生活的乐观态度和对一切人事都豁达的胸怀渐渐地打动了众人的心。这也就可以解释为什么在诸多的记载中，唯一不变的一点就是他人都是因为不忍和同情冒着欺君之罪保存了他的性命。

从光王之前的经历来看，他的人生可谓是坎坷不断。但纵观他的一生，他所受到的苦难还远远不止这些。武宗时期，还在做光王的李怡曾经有一次和唐武宗外出。在回来的途中，李怡不慎落马，顿时就昏迷了过去，但周围居然没有任何人发现。

那时正值寒冬，室外更是冰天雪地，李怡的命运又一次悬在了生死之间。也许是上天特别眷顾宣宗,半夜三更的时候,他竟然苏醒了过来。醒来的他浑身冰凉,没有一点力气,但此时四周空无一人。就在这个危急的关头,一个巡夜之人发现了奄奄一息的李怡。

此时的李怡犹如抓到了救命稻草,对他说道:"我是光王,不幸坠马落在此处,能不能给我一碗水喝?"巡夜之人看他实在可怜,便取了一碗水给他。李怡喝了水后,身体逐渐恢复了一些知觉,便跟跟跄跄地自己走回了十六王宅的住所。所谓"天将降大任于斯人也,必先苦其心志,饿其体肤,空乏其身",饱受磨难的光王在武宗死后终于迎来了自己的春天。

唐武宗英年早逝,死时长子也只有几岁,还是个懵懂无知的幼童。在这种情况下,光王李怡慢慢地走进了人们的视野。其实早在唐武宗病重之时,宦官就已经蠢蠢欲动。因为对于晚唐的宦官来说,皇帝的更替是一次进行权力重组的大好机会。只要在这个关键时刻选准了对象,日后的富贵荣华便唾手可得了。

正是因为这种强大的利益驱使,内侍仇公武首先提出可拥立光王李怡为帝。仇公武之所以会提出这样的建议是有其深刻原因的。在宦官们看来,光王李怡是个憨痴之人,即位之后肯定是受人摆布,无所作为的。如果拥立他当上了皇帝,那日后的天下就如同自己的一样。所以仇公武拥立光王的想法一经提出,马上就得到了左军中尉马元贽的赞同。

会昌六年(公元846年)三月二十日,唐朝廷向天下人宣布了唐武宗的遗诏:"皇子冲幼,须选贤德,光王怡可立为皇太叔,更名忱,应军国政事令权勾当。"意思是武宗的皇子年龄太小,而光王李怡贤德,可立为皇太叔,而所谓"应军国政事令权勾当"就是在正式即位之前代理国事。遗诏公布后的第二天，已经被立为皇太叔的光王李怡在少阳院接见了文武百官。

在之后的日子里，皇太叔李忱开始代病重的唐武宗处理政事，而他举手投足间表现出的自信和果敢与之前木讷呆滞的光王简直判若两人，积压了数月的政务在他的手中都迎刃而解。李忱的出色表现让所有人都大吃一惊，他们甚至不知该为此高兴还是担忧。群臣们高兴和欣慰的是拥有这样英明睿智的皇帝后，国家治理有望；担心和恐惧的是这样一来，光王之前的表现的确只是在韬光养晦，真实的目的可想而知，那么新君的心机深重可见一斑。

无论如何，李忱还是在重重阻碍下名正言顺地成为皇位的继承人。会昌六年（公元846年）三月二十三日，唐武宗驾崩，皇太叔正式即皇帝位，是为唐宣宗。这一年，李忱已经三十六岁，算是唐朝即位新君之中年龄较长的一位了。唐宣宗登基之后不久便尊称其母郑氏为皇太后，并将她安置在自己的出生地——大明宫，朝夕侍奉，丝毫不敢怠慢。

小太宗

虽然在宣宗即位之初，朝中的大臣都对这位有些"痴呆"的皇叔没有抱多大希望，但宣宗凭着自己的努力，让天下人对他另眼相看。因为之前的人生经历，唐宣宗的心中一直有重振帝国朝纲的强烈愿望。再加之阅历颇深，他对于朝政和为君之道的成熟看法也是唐朝后期的其他皇帝无法比拟的。

大中元年（公元847年），刚登基不久的唐宣宗就因为天气干旱，下旨减膳撤乐，并释放宫女五百人。除此之外，又释放五坊鹰犬，停止各处的营建，并且下诏大赦天下。

大中二年（公元848年）二月，唐宣宗召见了翰林学士令狐绹，与他探讨了唐太宗所撰《金镜》中的治国之道。在这个过程中，唐宣宗对这位翰林学士十分尊重，君臣二人相谈甚欢，而令狐绹也明显能感受到这位皇帝的成熟稳重与其心中对于国家所寄托的希望。

《金镜》中有言："乱未尝不任不肖，理未尝不任忠贤。任忠贤，则享天下之福；任不肖，则受天下之祸。"唐宣宗极为赞赏。他曾说过："《尚书》也说，'任贤勿贰，去邪勿疑'，朕每至此，未尝不三复然后已。欲致升平，当以此言为首！"

在吏治改革方面，唐宣宗也在武宗朝的基础上做出了自己的努力，而"任贤勿贰，去邪勿疑"正是他所信奉的标准。唐朝的官员人数众多，宣宗年间已有近三千人。为了了解官员们的情况，以便能够将他们的才华用在可用之处，唐宣宗特意命宰相们编撰了一部《具员御览》，并放于案头，以便随时浏览。

唐朝在地方施行州县制，各地的最高长官便是刺史。刺史作为地方的行政长官，直接关系到朝廷政令的推行和百姓的生活好坏，所以对于刺史的任命，唐宣宗更是格外重视。

他曾经说过这样的话："朕认为如果刺史选择不当肯定会危害当地的百姓，所以朕要一一面见，亲自询问他们到地方之后如何施政。这样才能了解其优劣，确定他是否可以担当此重任。"正因为如此，以至于在宣宗一朝，刺史凡被选定之后一律要经过皇帝的亲自审查方可上任。

前朝的高官太过泛滥，而唐宣宗则十分珍视高官的授予，不是对朝廷有大功劳的是不可能在他手中获得这样的殊荣的。不仅对高官如此，就算是一般官吏的任免，唐宣宗也要亲自审查，绝不只听信他人的一面之词。

一次他到泾阳游猎，恰巧听到当地的一位砍柴之人说泾阳县令李行言为人刚正，不惧怕权势，经常为民做主，是个难得的好官。唐宣宗听后便将此人牢牢记在心中，回宫之后就授予李行言紫服。

唐宣宗任命官员还有一个特点，就是奖惩分明。对于有政绩的官员，他肯定给予鼓励，而对于那些贪官污吏，一经发现绝对是严惩不贷，毫不留情。例如淮南发生了严重的饥荒，百姓流离失所，而节度使杜悰却只知每日游宴，完全不管任下百姓的死活。杜悰身为淮南节度使还兼着宰相的头衔，威望颇高，唐宣宗为了不引起事端就马上把他调离淮南。

宣宗为人十分公正，不任人唯亲。他在位期间，有一个叫梁新的医官治好了他的厌食之症，梁新便想以此向宣宗求取一官半职。唐宣宗虽然对梁新心怀感激，但还是严厉地拒绝了他的请求，赏给他金银作为补偿。

宣宗即位之后曾任命自己的母舅郑光为平卢、河中节度使，但后来发现他无甚才华，而且语多鄙浅，就把他调回长安，留在身边任右羽林统军一职。地方节度使是个美差，右羽林统军当然不能与之相比，于是郑太后就多次对宣宗说，希望能将郑光依旧放回地方。宣宗虽然是孝谨之人，却没有因此将没有政治能力的舅舅放到地方，而是赐予他田地金帛作为补偿。

不料郑光的手下仗自己的主人是皇亲国戚，居然不缴租税。时任京兆尹的韦澳为人十分刚正，将这些人全部抓捕入狱。之后唐宣宗为此事还颇为担忧，怕舅舅知道后闹事，于是还想替其求情，让韦澳看在自己的面子上不要追究此事。

但韦澳劝他道："国舅爷倘若不缴赋税，那么朝廷的律法就是只针对贫户，留之何用？陛下任臣为京兆尹，清理京师之弊是臣的职责，万万不敢奉诏。"最后韦澳责令这些人补足了所欠税款，并重杖一顿才将他们放归，以儆效尤，而宣宗也再未有他言，甚至为之前替舅舅求情向韦澳道歉。

唐宣宗不仅对自己要求严格，对子女的管束也颇为严厉。他十分宠爱自己的女儿万寿公主，并把她嫁给了起居郎郑颢。郑颢有个弟弟郑颢，病危之时，唐宣宗还特意遣使前去探望。使者回到宫中之后照例要去皇帝面前回复，唐宣宗就问他万寿公主在做些什么。

使者不敢隐瞒，就如实回禀道："公主殿下正在慈恩寺戏场看戏。"唐宣宗闻得此事后大发雷霆，说道："难怪士大夫之家不愿与皇室结为姻亲，原来是因为这个原因！"言下之意是埋怨自己没有教育好女儿。说完之后，他马上下旨召万寿公主入宫。

公主接到诏令之后也知道父亲召见所为何事，于是便匆忙赶去。等到公主来到宣宗寝殿之时，唐宣宗对她不理不睬，只让她站在台阶之下反省。万寿公主十分惶恐，泣涕涟涟，马上向父皇谢罪。毕竟是自己的爱女，宣宗也于心不忍，于是便教育她道："岂有自己的小叔子病重，自己还去看戏的道理呢？"这件事情过后，皇亲国戚们都谨守礼法，不敢有丝毫越矩的行为。

至于唐朝的边境地区，到了宣宗时期也出现了新情况。吐蕃自唐武宗时期发生内乱之后，势力削减了不少。唐宣宗初年，本来为吐蕃所有的秦、原、安乐三州和原州七关都陆续归顺了朝廷，这一情况也大大提高了刚即位的唐宣宗的政治声望和资本。

在此之后，唐朝在宣宗时期还收回了河西走廊的控制权，并在沙州设置了归义军，命领导这次战役的张义潮为沙州节度使。河西走廊和沙州地区收复之后，唐宣宗抑制不住内心的激动，兴奋地说："先父宪宗皇帝生前有志收复河、湟地区，但因忙于中原藩镇战争，一直没能完成这个心愿。如今朕竟然完成了他的意愿，足以告慰列祖列宗的在天之灵了。"

唐宣宗的屏风之上书写的是一整部的《贞观政要》，而他自己也是经常阅读此书。他自小就十分仰慕先祖太宗皇帝的为君之道，而他之所以被称为"小太宗"，其中很大一部分原因就是他和唐太宗李世民一样善于纳谏。

他在位期间，不论是朝臣们的意见还是门下省的封驳，他都能欣然接受，每逢大臣们提出了良好的建议，他甚至要洗手焚香，大有唐太宗当年的风范。有一次他想要去唐玄宗修建的华清宫游玩一下，但大臣阻止，他也就放弃了这个想法。

唐宣宗还因为羡慕太宗和魏徵之间的"君臣佳话"，特意从民间寻访到了魏徵的后代——魏謩。魏謩是魏徵的五世孙，入朝为官后便被唐宣宗拜为宰相。魏謩颇具其祖魏徵的风采，对于劝谏之事是"知无不言，言无不尽"，连唐宣宗也称赞他有"祖风"，故十分看重他。

宣宗此人公私十分分明。每当上朝之时，必然是正襟危坐，不论多久都不露一丝倦怠之意。他甚至经常提醒大臣们："卿等好自为之，朕常担心卿等负朕，日后难以相见。"以至于当时的宰相令狐绹说，每次上朝之时都紧张得汗流浃背，不敢出一丝差错。但公事一旦结束之后，他便和颜悦色起来，或谈天说地或一起游玩，和大臣们相处得如同朋友一般。

把寺庙再建起来

和唐武宗的崇尚道教、抑制佛教不同，唐宣宗一上台就明确地表明了自己对宗教的态度。他即位后就马上下旨杖杀了道士赵归真等人，并把武宗时期的很多术士都流放岭南。在他即位的前两年时间里，他颁行了一系列强有力的政治举措，其中较有影响力的一项就是复兴佛教。

会昌六年（公元846年）五月，刚登基不久的唐宣宗便下旨命祠部在前朝规定的僧尼人数基础让继续发放度牒，而长安两街原来的两座寺庙各增加八座。除此之外，僧尼的管辖权从主客司重新回归到两街功德使。

到了大中元年（公元847年）闰三月，宣宗复兴佛教的举措从长安推行到全国。唐宣宗在圣旨中称：

"会昌季年，并省寺宇。虽云异方之教，无损致理之源。中国之人，久行其道，厘革过当，事体未弘。其灵山胜境、天下州府，应会昌五年四月所废寺宇，有宿旧名僧，复能修创，一任住持，所司不得禁止。"

在他的推动下，武宗会昌年间被拆毁的佛寺，许多都得以复原并加以修葺，东都洛阳更是加修了不少佛寺。

除了兴修佛寺，大肆增加僧尼之外，唐宣宗还亲自下旨为已经圆寂的宗密法师等人恢复法号。不仅如此，宣宗还邀请了当时德高望重的高僧定期到长安的寺院之中设法坛，宣讲佛法。至于他自己，禁宫之内也经常有僧人出入，都是为了和皇帝探讨佛法玄义。

唐宣宗之所以这么做是经过了深思熟虑的，有其特殊的政治意图，而这个举措针对的也是当年唐武宗灭佛所产生的弊端。对于武宗的灭佛举措，宣宗是十分不满的，他曾对翰林学士说："佛者虽是异方之教，但可以帮助国家治理。可存而不论，不必过毁而伤令德。"

一直以来，唐朝的宗教信仰在中下层是以佛教为主，而道教一般都是上层崇信的。唐武宗时期大肆灭佛的行为在很大程度上毁坏了以佛教为信仰的统治基础，而宣宗反其道而行之，正是为了利用宗教重建臣民和百姓对皇帝和朝廷的信任，为自己日后的统治铺平道路。

除了政治因素外，宣宗复兴佛教还有个人的情感因素在内，这一点和武宗也是一样的，只不过他二人所倾向的角度不同罢了。宣宗的情感因素来源于两点，一是对唐武宗的憎恨，所以他施行的政治举措都要反其道而行之，除此之外，第二点就是他对佛教的特殊感情。

武宗在位期间，曾经多次加害过宣宗，但都没能成功。据说当时宣宗为了躲避武宗的毒手，一度出家为僧，在江湖游历。当时在长安的佛寺之中经常可以见到一位素服的儒士，气质儒雅洒脱，那便是年轻时的宣宗。他也经常和佛寺的高僧们探讨佛理，对此也很有见解。除此之外，这位儒士还会经常和那些寄居在寺庙之中的举子谈天说地，听取各地的见闻以及他们对时下朝政的评价。

据《唐杭州盐官海昌院齐安传》中的记载，当初有个叫齐安的和尚，也是李唐皇室之后，所以知道宣宗的身份。在寺庙举行法会的时候，齐安特意事先告知这些僧人说："明天将会有异人到此，你们说话做事都需小心谨慎，不要带累了佛法。"

第二天，唐宣宗果然到此参加法会，齐安认出他后，便将他迎为上座。二人交谈之后，齐安见他谈吐不凡，对佛法的理解十分精到，于是对他更加尊敬。齐安还对宣宗说："你的时运就要到了，不要在僧人之中混迹了。"他更恳求宣宗发迹之后一定要兴复佛教，让佛法发扬光大。

宣宗即位之后，为了报答齐安当年的知遇之恩，想要把他迎到长安奉养，但此时齐安早已圆寂。唐宣宗知道此事后怆悼久之，遂敕谥齐安为"悟空"，还亲自作了诗追悼他。而宋代大文豪苏东坡在游览盐官时所作《匕寺悟空禅师塔》一诗说的就是这件事，诗后还有一行题注曰："名齐安，宣宗微时，师知其非凡人。"而孙光宪《北梦琐言》中也记载了宣宗曾经游历四方，"多识高道僧人"。

关于唐武宗在位期间虐待并谋害宣宗的事，正史之中是不予承认的，但很多野史和唐人笔记对这些事件都有或多或少的记载，所以宣宗曾经一度出家为僧的事还是较为可信的。

无论宣宗是否真的出家为僧，他与佛教和僧人的关系密切，这一点是十分肯定的。在那个备受煎熬的年代，佛教给予唐宣宗的并不仅仅只是玄义那么简单。是佛法解救和保护了他，也让他懂得了忍受现实中的种种艰辛。正是因为有了佛教的精神支持，他才有信心，有勇气存活了下来，最后从一个被压迫的人成为这个帝国呼风唤雨的人物。

决定复兴佛教的唐宣宗要面临的问题还是很多的。唐朝的佛教繁盛，想要将如此众多的佛寺和僧尼全部恢复势必要耗费大批的财力和物力。例如在大中五年（公元851年）六月，就有一位名叫孙樵的进士上书反对宣宗大肆复兴佛教，他指出：

"百姓男耕女织，不自温饱，而群僧安坐华屋，美衣精馔，率以十户不能养一僧。武宗愤其然，发十七万僧，是天下一百七十万户始得苏息也。陛下即位以来，修复废寺，天下斧斤之声至今不绝，度僧几复其旧矣。陛下纵不能如武宗除积弊，奈何兴之于已废乎！日者陛下欲修国东门，谏官上言，遽为罢役。今所复之寺，岂若东门之急乎？所役之功，岂若东门之劳乎？愿早降明诏，僧未复者勿复，寺未修者勿修，庶几百姓犹得以息肩也。"

在这封奏疏中，孙樵详细地分析了唐武宗当年灭佛的原因，并陈述了大肆复兴佛教的弊端，层次清晰，有理有据。但当时的唐宣宗正处于对武宗举措全面推翻的状态之中，所以基本上没有采纳这些意见。

就如孙樵所述，到了大中六年（公元852年），全面复兴佛教的弊端逐渐显现了出来。同年十二月，宰相们也向唐宣宗上书陈述了此事。当时各地为了修建佛寺不仅耗费了巨大的物资，还频发扰民事件。再者，僧尼的品质也是良莠不齐，大大影响了佛法的传播。这些唐宣宗都是很清楚的。所以在经过仔细的思索后，唐宣宗也决定修改当时所下的诏令。从这一点也可以看出宣宗这种能够知错就改的良好品质。

不仅如此,从当时资料中的记载也可以很清楚地看出,唐宣宗的"崇佛"从一开始就十分冷静,除了在即位之初因为"务反会昌之政"的原因有些操之过急之外,还是比较理性的。

佛教自传入中国以来,唐朝是其极为繁盛的时期。从玄宗朝开始,禅宗就逐渐开始分为南、北二宗,而南派禅宗五家七宗中的曹洞宗、临济宗和沩仰宗基本上都是在宣宗年间形成和发展的。沩仰宗是高僧灵枯在潭州沩山开创,故称"沩仰宗",这一宗派在会昌年间受到灭佛的影响,一度沉寂,直到宣宗大中年间才得以恢复,而其他宗派的情况大多也是如此。

所以说,宣宗时期是禅宗的鼎盛时期,而作为皇帝的唐宣宗为佛教的发展和繁荣做出了很大的贡献。但从政治经济的角度来看,大面积地复兴佛教确实对社会的发展产生了冲击,所以宣宗复兴佛教的举动在历史上还是颇受争议的。

第八章

盛世末路,起义蜂起的乱局

宦官选天子

李唐历史上最为昏庸的皇帝之一唐懿宗的登基即位可以说是宦官斗争的结果。作为宣宗李忱十一个儿子中的长子，唐懿宗原本应该是理所当然的皇太子，但是因为他的父亲唐宣宗李忱对他感到十分不满，所以在他在位期间太子之位是一直空悬着的。

作为给李唐王朝带来希望之光的唐宣宗李忱也有自己的私心，即使他是一名热衷朝政、治国严谨的英明神武的天子。

李忱非常讨厌自己的长子郓王李温，他甚至命令本该是储君不二人选的李温搬出皇宫，住到十六王宅的亲王府里去。而在唐宣宗李忱的心目中，他最喜欢的儿子，也是他心中最为理想的太子人选是皇三子夔王李滋。

唐宣宗李忱的心中一直存在着废长立幼的念头，他认为长子李温和三子李滋相比起来没有成为皇帝的气度，而且李温还是一个生性荒唐、目光短浅的人，他害怕大好的江山会断送在这个孩子的手中。

和唐朝历代的李唐天子一样，为大唐王室带来希望之光的唐宣宗也没能摆脱前几代帝王的老路，他为了追求长生不老开始服食各种丹药。这些丹药中蕴含着各种毒素，在这些毒素的长期腐蚀下，唐宣宗的身体终于垮掉了。在一年中气候最好的春夏交换之时，长期积蓄在唐宣宗身体中的毒性集中爆发了出来，唐宣宗的背上开始生出大量的恶疮，之后没过多久，这些恶疮就开始大面积地溃烂了。这时唐宣宗已经知道自己时日无多，他的健康状况迅速恶化，后来已经完全卧床不起，再也不能上朝了。

面对这种情景，朝中的各种势力都动了起来。生命即将走到尽头，依然没有册立储君的宣宗没有时间浪费了，当时大权大都掌握在宦官们的手中，满朝官员人心惶惶，面对着太子未立、天子病危的状况，他们完全一筹莫展。因为宦官们将宫内的消息完全隔绝了，就连宰相也没有机会见到天子，对于他们来说，这是大唐皇朝最为危险的时刻。

这时躺在病榻之上的唐宣宗，依然不想将帝位传给长子郓王李温，他希望夔王李滋能够成为皇帝。唐宣宗知道这时自己已经来不及册立太子了，而且即使他下诏册立李滋为太子，也必将会遭到站在皇长子一边的群臣的反对。所以他选择深宫内院中最得他信任的宦官们来秘密帮助他拥立李滋为太子，然后助其登上帝位。

这几个被唐宣宗托以重任的宦官就是内枢密使王归长、马公儒和宣徽南院使王居方，唐宣宗将夔王李滋托付给了他们，嘱托他们，自己死后，一定要扶持李滋，避免长子李温继承王位，掌控整个国家的命运。

面对宣宗的托孤，三名宦官立刻就明白这是一个机会，如果把握住这次机会，他们将会一生荣华富贵，但是同时这也是一次危机，因为一旦失败,他们就会万劫不复。

王归长等人预见这场废长立幼的事件会在朝堂之上引起巨大的波澜,所以必须要谨慎行事。他们首先想到的就是,现在大臣们因为宣宗病重而一直被挡阻宫门之外,就连宰相也没能见到皇帝,这为他们谋划行事提供了充足的时间。

王归长等人经过反复讨论,认为要在混乱的环境中保证夔王李滋登基,就一定要将军队把持在自己的手中,只有这样才能在斗争中取得有利的地位,令群臣信服。所以王归长等人做的第一件事就是对禁军下手,他们和当时担任禁军右神策中尉的王茂玄联手积极活动,但是当时禁军中的另一个重要人物左神策中尉王宗实和王归长他们有很深的矛盾。王归长等人知道王宗实绝对不会和他们一同扶持夔王李滋,甚至可能将王归长等人的计划全盘破坏,于是他们决定要先解决王宗实。

王归长假借宣宗的名义下了一道敕命给王宗实,任命他为淮南监军,这就等于是将他外放出京城了。对于这道命令,王宗实虽然有所不解,但也只能老实地接受,于是他很快整顿好行装,准备离开京城。就在这时,王宗实的一名手下,心思缜密的左神策军副使亓元实,对于这道敕命表示出了怀疑,他认为皇帝是不会在这种局势混乱、形势不清的情况下做出重大的人事变动的,更何况王宗实是保卫皇帝安全的禁军将领。亓元实告诉王宗实这必然是有人假借圣命,而这假传圣旨的人一定在图谋些什么,因为王宗实妨碍了他们的计划,才想要将他调离京城。

王宗实听了亓元实的话之后认为十分有道理,于是决定入宫一探虚实,他带领着大量的禁军强行闯入皇宫,怒气冲冲地奔向了皇帝寝殿。在寝宫之中，王宗实看到皇帝已经驾崩，宫中的侍女和宦官们正站在皇帝的遗体周围大声哭泣。这一切都表明了王宗实所收到的圣旨是假的，于是他立刻令手下将备受宣宗信任、假借皇帝的名义发布敕命的王归长等三人抓了起来。

面对突然出现的王宗实、亓元实等人，王归长等三人完全慌了手脚，他们虽然也做了一些准备，对于皇宫的把守、兵力的布置也做了相应的安排，但是在双方兵力悬殊，掌握着右神策军兵权的王茂玄又不在宫中的情况下，王归长等人只能承认自己在这场斗争中失败了。虽然他们的行动是在宣宗授意之下进行的，但也只好承认自己假传圣旨，趴在王宗实脚下乞求他饶恕自己的性命。他们的祈求并没有起到作用，王宗实将王归长、马公儒、王居方等人全都处死了。

因为王归长等宦官的失利，王宗实取得了皇宫的控制权，之后他立刻派遣宣徽北院使齐元简将郓王李温从十六王宅中迎出。然后王宗实用大行皇帝的名义发布了遗诏，册封李温为太子，改名为李漼，同时让太子监国。大中十三年（公元859年）八月十三日，二十七岁的李漼正式登上了帝位，史称唐懿宗。

众人皆醒我独醉

唐懿宗李漼是一个相貌英俊,很有帝王之气的人,他的外表给予大臣们一种将要天下大兴的错觉。在他刚刚登基为帝之时,大臣们都对他寄予了厚望。那时,刚刚成为皇帝的唐懿宗也还是有些雄心壮志的。

大中十四年(公元860年)的二月,这一年是懿宗即位的第二年,他刚刚忙完宣宗的葬礼,作为皇帝,他要开始考虑自己的将来了,首先他为自己选定年号为"咸通"。因为刚刚登基为帝的唐懿宗心中向往着成为一个和他父亲一样的明君,于是他选了唐宣宗一首曲子词中的一句"海岳晏咸通",取"咸通"二字,这是他在位期间唯一使用的一个年号。

但是遗憾的是,唐懿宗没能成为一位明君,他的行事作风中完全没有宣宗的影子,被皇权迷住了双眼的唐懿宗不久以后就成了晚唐著名的荒淫无道的昏君,在他的统治之下,国家从宣宗时的清明迅速变得腐败不堪,正是他将大唐彻底地拖入了毁灭的泥潭。

所谓明君,他的每一个决定都应该经过深思熟虑,他的每一个官职的任免都要充分考核，这些唐懿宗都做不到。他会被称为昏君的原因之一，就是他在政令上的昏庸无能和肆意妄为。

作为一个气量狭隘的君王，唐懿宗荒唐享乐、不思朝政，在官员的任免上十分随意。他在登基之后所做的第一件事是下令处死当初没有签名同意让他监国的宰相。这道完全出于私怨的命令虽然最终没有被执行，但是从这之后，唐懿宗就不停地更换宰相，他在位期间，一共任用了二十一位宰相，这些宰相中，几乎全都是庸碌奸诈的人，真正的能臣良相寥寥无几。

唐懿宗即位不久之后，任命的第一任宰相是白敏中，应当说白敏中作为前朝老臣能力非常不错，而且也很有宰相气度。但是这些都不是唐懿宗选择他的原因，唐懿宗选中白敏中的原因只是因为白敏中是一个不能上朝的宰相，他在入朝时不慎摔伤了自己，因伤卧床在家，四个多月无法上朝办公，对于唐懿宗的任命，白敏中曾三次上表请求辞职，但是懿宗都没有批准。

宰相作为皇帝的左右手，本应是十分重要的职位，宰相的优劣更是攸关国运的大事，但是唐懿宗拒绝选用能帮助他治理朝政的宰相，一个卧床不起的宰相正好给了他一个肆意玩乐、不理朝政的理由。

在唐懿宗即位之初，大臣们对他寄予厚望，所以那时对于他的一些官职任免，谏官也会进谏。像是任命白敏中这件事，当时的谏官右补阙王谱就上书唐懿宗表示："陛下即位之初，是宰相尽心之日。陛下与各宰相交谈，未尝满过半个时辰，白敏中病了数月，又怎和他交谈？此如何治理天下之事！"

作为谏官，王谱所做的本是分内之事，但是气度狭小的唐懿宗完全接受不了，在他的眼中，王谱所做的事情是对王权的藐视，是对他的忤逆，所以他下定决心要狠狠地惩罚他，他下令将王谱贬为县令。那时的朝廷还有着宣宗的遗风，所以有封驳之权的给事中认定唐懿宗的命令不符合体制，拒绝执行唐懿宗的这个命令。

给事中的这种做法激怒了唐懿宗，他不能接受这种对自己皇权的挑战，愤怒的唐懿宗决心无论如何都要处罚王谱，所以懿宗将此事交由宰相们进行复议，这些由唐懿宗一手任命的宰相们为了讨好唐懿宗，不顾国家的体制判定王谱有罪，而且因为他的言论还涉及宰相白敏中，这是对朝廷的不尊重，他们一致同意皇帝将王谱贬职。

唐懿宗甚至还不顾国家法度，肆意滥杀，他最宠爱的女儿同昌公主因病去世，唐懿宗竟然毫无理智地处死了所有为公主诊治的医官，并且逮捕了他们的家属。这个决定震惊朝野，当时宰相刘瞻希望谏官能够上表进谏，但是被懿宗吓怕了的谏官们不敢进谏，所以刘瞻亲自出面，希望劝懿宗能够释放那些医官的家属。

对于刘瞻的谏言，懿宗感到十分生气，于是将刘瞻贬为荆南节度使。这时原本就和刘瞻不合的驸马韦保衡趁机公报私仇，向懿宗编造了同昌公主是刘瞻和医官合谋投药毒死的谎言，懿宗就将刘瞻连续贬为康州刺史、骧州司户参军，其他与刘瞻关系密切的朝廷官员如高湘、杨知至、魏笃、孙瑝、郑畋、尹温璋等人也受到牵连被贬职，尹温璋更是在被贬之后自杀了。

唐懿宗在任命官员上十分随性，与不轻易授人官职的宣宗不同，懿宗经常会随心所欲地赏赐官职、钱财，而并不在乎所授之人是否有受赏的资格。懿宗的授官已经到了毫无节制的地步，可能就连他自己也不知道自己到底给多少人授予了官职，科举制度原本是朝廷取士的重要途径，但是在唐懿宗时期，原本具有崇高地位的进士科也被搞得乌烟瘴气。这是因为只要是懿宗的亲信就可以不参加每年春天由礼部主持的科举考试，而以"特敕赐及第"的方式被皇帝直接授予进士出身。进士的选择完全依靠懿宗的个人爱憎，他的敕书取代了礼部的金榜。这对于那些寒窗苦读的人十分不公平，同时也导致了奸佞之臣充斥朝堂而贤良之士遗之于野的情况。

唐懿宗虽然十分昏庸，但是同时他又十分向往成为一名明君，他希望被世人称颂。他爱慕虚荣、好大喜功，为了表彰自己，他为自己添加了字数众多的尊号，就是"睿文英武明德至仁大圣广孝皇帝"。唐朝高祖、太宗在活着时都没有为自己加尊号，后来，历代皇帝的尊号大都也就四到六个字，达到八到十个字就已经很少了，比较多的是唐玄宗的十四字尊号"开元天地大宝圣文神武孝德证道皇帝"，懿宗自称的尊号字数虽然只比唐玄宗差了两个字，可两者的功绩相差十分悬殊。

就这样，唐懿宗统治时期的政治越来越腐败，他任命的大臣们大多是一些鱼肉百姓、横行霸道、贪污腐败之流。他们做尽所有中饱私囊之事，唯独不会去做有利国家的事。在对政事没有兴趣的唐懿宗身边围绕着的都是一些或庸碌或谄媚或阴险的人，正是这些人和唐懿宗一起加速了李唐王朝的毁灭。

一切为了回家

庞勋起义发生在唐懿宗咸通九年（公元868年）七月，这次起义是矛盾长时间积累之后爆发的结果。其根源可以追溯到咸通三年（公元862年）的一次朝廷派兵行为。当时的李唐王朝为了预防南诏北侵，所以下令将当时徐州的兵马派去南戍桂林。咸通四年（公元863年），南诏的军队攻陷了安南地区，于是朝廷急忙将征募来的两千兵马派去支援安南，而其中的八百人后来又被派去驻守桂林，这些人就是庞勋起义最初的人马。

李唐王朝对于戍边的士兵有着非常明确的换防规定，即每三年一换防，也就是说这八百个离家的戍兵只要在桂林待满三年就会有新的戍兵来接替他们的工作，而他们就可以回归家园了。在驻守桂林的三年期间，虽然将领徐泗观察使崔彦慎治兵严苛，引起了官兵们的诸多不满，但是他们还是忍了下来，因为他们知道，只要平安地度过这三年，自己就可以衣锦还乡了。

然而除了崔彦慎自己治兵严苛外，他手下所重用的都押牙尹戮、教练使杜璋、兵马使徐行俭等人都对士兵们十分残虐酷烈，怒火在每日都生活在水深火热之中的士兵们心中逐渐燃烧。不久，士兵们最后的希望也破灭了，由于崔彦慎总是推说经费困难，不放他们回去，这些士兵没能在三年之后按时回到家乡，不得不在桂林一待就是六年，而且这种状况还在一直持续着，朝廷完全没有让他们回家的意思。

面对朝廷的这种行为，那些期待忍满三年后就可以回家乡和妻儿老小团聚的士兵，再也忍无可忍了，他们所有的不满和愤怒都在咸通九年（公元868年）七月爆发了出来。这些士兵在军校赵可立、姚周、张行实等人的带领下策划了兵变，杀死了负责监视他们的军官，在取得控制权之后，推选受人尊敬的粮料判官庞勋为首领，就这样，一场兵变正式爆发。起义军洗劫了仓库，为自己的长途行军储备了足够的军需，然后在没有朝廷命令的情况下擅自北归，向着家乡徐州攻了过去。

当时的李唐王朝在唐懿宗的统治下，已经十分腐败了，藩镇各自为政，朝廷国库空虚、兵力匮乏，面对军队的叛变，唐懿宗甚至抽不出足够的兵力来镇压。为了拖延时间，朝廷给这些戍兵下了一道赦免的诏令，表示只要起义军停止一切军事行为，朝廷就同意让这些戍兵回到徐州。对于这道赦令，湖南、浙西、淮南这些地方政府确实服从了，他们不但没有难为这些士兵，放他们过境，甚至还给他们补充给养。

不过这道赦令虽然给起义军带来了一些便利，但是从军多年、经验丰富的庞勋等人并没有轻易相信，他们明白这一切不过是缓兵之计。因此他们一路上从没有停止过招兵买马，到达距徐州仅有一百四十里的彭城时，庞勋在全军召开大会，告诫所有士兵，朝廷是绝对不可以相信的，他们之前所做的一切都是为了在徐州城内布下罗网而使的缓兵之计，因此与其回到徐州被彻底消灭，甚至于株连九族，不如现在奋起抵抗，和在徐州城内的守军里应外合，共同反叛朝廷。

看到起义军并没有进入徐州城，崔彦慎派人给起义军送去了安慰信，在信中表示不管庞勋提出任何要求他都可以答应。对于这封信，庞勋的答复非常简单：一是要求解除尹戮、杜璋、徐行俭三人的职务，以平息士兵们的愤怒；二是要求将戍兵将士自立两营，由一将来统领。

崔彦慎看到起义军的答复之后，明白起义军已经洞悉了他的意图，所以他索性也不再假意安抚起义军了，便命令徐州上下严阵以待，公开在徐州城内做军事部署，并命令宿州的兵马主动出兵攻打起义军。

接到命令的宿州兵对于起义军毫无战意，遭遇起义军之后，立刻望风而跑，不战而退。起义军花了不到半天的时间就攻下了宿州城，然后打开了全部府库，将其中的物品都分发给了百姓；同时大规模招募士兵，为以后的军事行动储备力量。这一系列的行为使得起义军的部队在短时间内得到了很大的扩充。

至此，起义军和李唐王朝之间彻底决裂了，庞勋自称为"兵马留后"，起义军打出了自己的旗号，决定和朝廷抗争到底。在朝廷的围攻之下，庞勋放弃了宿州，没有选择和朝廷正面对抗，起义军利用三百艘大船来到彭城城下，奇袭彭城是起义军取得的一次很大的胜利。

驻守彭城的崔彦慎决心要死守，这种决心即使在面对包围彭城的起义军时也不为所动，但是可惜的是他并没有得到城内的民心。精通军事的庞勋知道，想要攻占彭城只可智取，不可强攻。所以当起义军兵临城下之后，庞勋就明确地告诉城外的所有居民，起义军不会扰民，并且对百姓大加安抚，分发粮食，这样彭城外的很多居民都纷纷加入起义军的队伍当中。

因此，庞勋带领起义军开始攻城之后，城中的居民都站到了庞勋这一边，他们翘首以盼起义军能够早日进城，甚至帮助庞勋攻城，在和城中居民们的里应外合之下，罗城很快就被攻打了下来，退守到子城的崔彦曾等人被俘，愤怒的起义军肢解了尹戣、杜璋、徐行俭三人。就这样，整个彭城都落到了起义军的手中。

取得了彭城的庞勋很快又控制了徐州，这时他上书朝廷，要求朝廷任命他为节度使，对于他的要求，朝廷没有给出任何答复，这让庞勋感到十分不满。为了向朝廷示威，他又接连攻占了濠州、滁州等城，同时起义军还攻占了都梁城，将江淮的运输线控制在自己手中。就这样，起义军在切断了唐王朝的主要经济命脉的同时还充实了自己的财力。

庞勋的起义军为了保证自己能够取得胜利，十分重视收揽民心，就是因为他们对百姓们的爱护，使得庞勋在募兵的时候曾出现过"至父遣其子，妻勉其夫，皆断锄首而锐之，执以应募"的场面，一时间各地民众纷至沓来，起义军的队伍扩大到二十多万，达到了空前的强大，同时这样的军队数量使得这次起义从单纯的兵变转变成农民起义战争。

就在起义军的形势一片大好的情况下，一片胜利的欢呼声冲昏了庞勋的头脑，他所想的不再是单纯的回家，也不再想反抗朝廷，他开始得意忘形起来。他昭告天下自己是无敌于天下的，同时他宣告各地都必须要归顺于他，为他的军队提供士兵和军需，这时庞勋的行为一改当初的爱民如子，已经和李唐王朝的行径别无二致了。

起义军的多次胜利在全国引起了很大的震动：一方面，淮南地区的地主官吏害怕战乱波及自己，于是纷纷逃亡江南；另一方面，淮南的百姓面对已经变质的起义军，首先遭受迫害，也被吓得纷纷逃向了江南。

这时，淮南节度使令狐绹害怕庞勋还会危害其他的地区，于是他对庞勋说，会上书朝廷，请朝廷册封庞勋为节度使。面对这个明显是为了拖延时间的说辞，庞勋没有了原本的理智，可以说他渴望成为节度使的愿望盖过了一切，竟然相信令狐绹，暂停向淮南出兵。于是令狐绹为自己争取到足够的作战准备时间。

当时因为起义军已经掌控住江淮运输线，所以朝廷只能通过寿州将南方的贡赋送入朝廷，庞勋立即出兵围攻寿州，就这样，唐朝廷的运输线彻底被切断了。这次胜利使得庞勋更加自傲、自满起来。他每日醉心于歌舞享乐，对于军事拓展再也不给予关注，他静静等待着朝廷委命的佳音，幻想着自己成为节度使之后的生活。对于庞勋的行为，他的谋士周重曾劝谏过他："满招损，谦受益，成功之后因骄傲自满而复归于失败的例子比比皆是。何况今日尚未成功！"但是庞勋并没有将这些话放在心上。

在庞勋等待的时候，唐王朝一边表面上向他示好，一边暗中集结各地的部队。所以在庞勋还做着美梦的时候，官军已经集结到了宋州，这时庞勋才知道自己中了缓兵之计，朝廷从最初就想要消灭他，这时他所占领的各地也纷纷要求他派兵增援。面对这种情况，庞勋已经处于无兵可用的境地，便开始四处抓壮丁，搜刮大户和商旅，导致民怨沸腾。同时起义军的内部也发生了危机，起义军的组织纪律日益衰败，那些和庞勋在桂州一起起事的士兵，仗着自己的身份和地位胡作非为，"夺人资财，掠人妇女"，这些都使得民不聊生，让起义军在最危险的时候和他们离心离德。

咸通九年（公元868年）十月，朝廷任命戴可师率领官军三万人去征讨起义军，朝廷大军和起义军在都梁城展开了大战。面对人数众多的敌人，起义军首先佯装失败，放弃了都梁城，面对一座空城，官军轻敌冒进地进入了城中。恰在这时，城中下起了大雾，雾气浓重到已经伸手不见五指了。就这样，在官兵放松警惕又立足未稳的情况下，起义军趁着重雾反攻入城，这时的官军只能手足无措地应战，最后的结局必然是官军战败，戴可师被杀，并且他的首级被送到了徐州。

面对多次的失败，朝廷终于意识到庞勋率领的起义军的厉害，于是推出了一个非常强大的阵容，命右金吾大将军康承训作为义成节度使、徐州行营都招讨使，任命王晏权等统领各地的军队，全线向前推进；同时还从沙陀、吐谷浑等少数民族征调骑兵，对起义军形成了合围之势。

在咸通十年（公元869年）的正月，康承训带领七万多官军去进攻起义军，驻扎在徐州城西南方向的柳子城的西面。官军在这里排兵布阵，阵营一直从新兴延续到了鹿塘，他们虎视眈眈地观望着徐州。面对这样的威胁，起义军派遣出王弘立，由他带领着仅三万人的大军来夜袭鹿塘寨，偷袭在官军的轻敌之下取得了成功。

但是以少胜多的成功毕竟只能是少数，之后起义军在和康承训在柳子的数十战中，都没能取得胜利，非但如此，在这些战役中起义军还付出了巨大的代价。起义军受到了很大的打击，他们所占领的很多地方都失陷了，起义军的大将姚周也战死了。

为了重振士气，庞勋采用了周重的倡议，他杀死了多名被俘的朝廷官员，其中就包括崔彦慎，然后起义军正式打出了反旗。庞勋在誓师大会上大声疾呼："勋始望国恩，庶全臣节；今日之事，前志已乖。自此，勋与诸君真反者也，当扫境内之兵，勠力同心，转败为功耳！"他表示自己原本是感念国恩的，想要为国效力。但是现在朝廷将他当成了反贼，所以倒不如现在真的反了。

在庞勋正式打起反唐的旗号之后，战事一度发生了改变，之后又多次打败了王晏权，朝廷被逼无奈只好再次更换将领。

面对这种情况，康承训利用沙陀骑兵的优势，重新调整了作战计划，然后朝廷军队以更强劲的来势向起义军的各城展开了进攻。面对各地的连续失守，一直负责镇守宿州的张实给庞勋提出了一个建议，他认为现在全国的兵力都聚集在徐州，这时西方一定处在兵力空虚的状态，所以如果起义军能够带兵出击，一定能够出其不意，这样在攻击宋州、亳州之后，唐军一定会调兵救援，这时起义军在徐州城外设好埋伏，就一定可以大败唐军。那时已经被逼无奈的庞勋接受了这个建议，他亲自带兵出彭城，向西经宋州、亳州等地，希望可以通过两线作战来打破官军对他的包围。

但是出兵在外的庞勋还没有到达宋、亳二州，负责镇守宿州的张玄稔就已经投降唐军了。对于他的投降，当时其他的起义军并不知情。在这种情况之下，张玄稔带领大军来到徐州城下，表明要进入徐州，当时的徐州守将以为他是来帮忙对抗唐军的，所以很轻易地就放他进入了城中。这时张玄稔就和一直围在城外的康承训里应外合，攻陷了徐州城。在激战之后，彭城陷落，守将战死。

徐州城的失守使得康承训可以回军追杀庞勋，同时出征的庞勋在攻打宋州失利之后准备转攻亳州之时，被沙陀骑兵追击，无奈之下，他想要返回彭城，但是这个计划没有实现，因为他们在沙陀骑兵的围攻之下全军覆没了。在庞勋战死之后，驻守濠州城的吴迥部在和唐军僵持了半年之后，因为弹尽粮绝，在突围时全军覆没。

庞勋起义维持了一年零两个月，是继裘甫起义之后的又一次大规模农民起义，正所谓"唐亡于黄巢而祸基于桂林"，可见庞勋起义在唐末的农民起义战争中占有非常重要的地位。

骨灰级玩家唐僖宗

唐懿宗一生有八个儿子，但是由于这些儿子的母亲都并不很受宠爱，而且唐懿宗的皇后也没有为他生出嫡子，所以唐懿宗在太子的人选上一直拿不定主意，迟迟没有册立太子，这就给了宦官们以可乘之机。

整日沉迷于佛事之中的懿宗将朝廷中的政事都交给了韦保衡，使得韦保衡独掌大权，排斥其他的宰相，他打击异己，专横跋扈。到了咸通十四年（公元873年）六月，懿宗得了重病，医治无效，七月时病情加重，这时懿宗自知时日不多，此时他想要安排后事，但他和外界的联系早已被宦官们完全切断了，皇帝见不到宰相和群臣，选择皇位继承人的权力又一次落到了宦官手中。

懿宗病危的当天，皇宫中权力最大的两个宦官——左、右神策军中尉刘行深和韩文约就开始考察哪一位皇子适合成为方便他们掌控的新君。从唐宪宗时代开始，掌握京城主要武装力量、负责守卫宫城的神策军就成为宫廷政变中最主要的力量，所以左、右神策军统帅的态度对于择立新君十分重要。

刘行深和韩文约逐一考察了唐懿宗的几个儿子，他们发现普王李俨既年幼又贪玩而且威望不高，既没有足够的能力，也没有坚实的后台，非常易于掌控。于是立李俨为太子。就这样，年仅十二岁的李俨登基称帝，并改名李儇，史称唐僖宗。

唐僖宗因为是幼年登基，对于什么是国家政事完全不了解，他将国家大事全都交给臣下们去做，每天所做的事就是不停地游玩，这也是他庙号僖宗的原因。在僖宗即位的第二年，改年号为乾符，在唐僖宗时期，唐朝的政治变得更加混乱了。

咸通十四年（公元873年），唐朝西南方的南诏已经发展壮大到了足以威胁大唐的地步，南诏王派大量的军队进攻巴蜀和黔南等地，此时的唐朝军队已经十分腐败，几乎毫无战力，完全无法阻挡南诏军的步伐，南诏军长驱直入，一直到了成都，然后将这座繁荣兴盛的城市抢掠一空，临走时还不忘放了一把大火。

面对唐军的节节败退，朝廷能做的只有不停地更换将领，但是都没有能够成功阻挡住南诏军前进的势头，最后还是派出了功勋卓著的大将高骈，才终于反败为胜，将南诏军打回了云南，收回了失地。唐军还来不及庆祝击退南诏的胜利，第二年，黄巢起义就爆发了。在黄巢军的逼迫下，唐僖宗被迫逃亡到了成都，直到光启元年（公元885年）才得以返回长安。

虽身处混乱的政局，但僖宗一生都没有停止过游乐。他的日常生活要么是吃喝玩乐，要么是走马斗鹅，就是没有国家大事。僖宗年幼时，虽然不喜欢读书和处理政务，但是他本身是一个十分聪明的人，可以说僖宗在玩的方面十分博学多能，才华横溢，他玩什么精什么，像骑术、射箭、舞槊、击剑、音律、法算、蒲博、蹴鞠、斗鸡、斗鹅、弈棋等，僖宗无一不是个中高手。

僖宗十分擅长蹴鞠，这是他最拿手的把戏。他身边有一位优人名叫石野猪，很得僖宗的欢心，常常伴在皇帝身边陪他玩乐。有一天僖宗得意地说："如果设了击球进士，朕去应试，一定会获得状元。"石野猪应声答道："陛下前去应试，要是碰到尧舜当主考官，恐怕陛下就要落第了。"可见虽然身为优人，石野猪也看出僖宗不理朝政、整日玩乐，不是明君所为，因此大胆地用巧妙的话语做出劝谏。

然而此时国势倾颓，已经不是僖宗一人之力所能扭转的了，面对凶狠霸道而又大权在握的宦官集团，僖宗只能耽于逸乐才能保住自己的性命和皇位，又何谈效仿尧舜成为明君圣主呢？然而这些心思并不能对任何人谈起，面对石野猪的讽谏，他只是笑笑，没有解释，也没有怪罪。

就这样，在宦官们的引导之下，僖宗整日醉心于声色犬马，游戏人间，为了使他耽于逸乐而不生出忧心国事、整顿朝纲的念头，宦官们大肆地搜刮财货来供僖宗挥霍。僖宗年幼登基，长于妇人、宦官之手，本身就不解世事，再加上宦官们的刻意引导，作为天子的僖宗完全不了解国家政治黑暗、民不聊生的境地。

因为喜爱游乐，僖宗经常在宫中和一众随从亲昵狎戏，玩到高兴之时，他经常会挥金如土地将大量的黄金珍宝赏赐给那些陪他玩耍的乐工和伎儿。

据记载，僖宗曾经在十六王宅和诸王比赛斗鹅，其中参与比赛的一只鹅的赌注竟高达五十万钱。至于给予那些伶人、艺伎的赏赐，更是动辄上千万。面对挥霍无度的唐僖宗，本就空虚的国库完全无法承受，同时此时各地起义蜂拥而起，镇压起义也需要军费。于是僖宗便命令地方官员加大搜刮的力度，当时的兵部侍郎、判度支杨严尽全力东挪西凑，甚至用政府的名义向商贾富豪借贷钱粮以筹集镇压农民起义的军费。

尽管如此，筹集到的钱财仍然是杯水车薪，于是朝廷又开始卖官鬻爵，但仍然无法满足唐僖宗和宦官们的需求。以至于黔驴技穷的杨严不得不上书请求辞职，但是他已经是朝中最好的财政官员，所以僖宗并没有批准他的请求。

面对这种窘境，大宦官田令孜对皇帝说，可以将京城两市商人的货物都征调过来，当时的两市指的是京城中的两大贸易区——东市和西市，西市大多是胡商。东市大多是华商，在唐朝时期，中国的商业贸易十分繁荣，集市上宝货堆积如山。因此田令孜认为只要掌握这两市就能缓解国库的空虚。

这种行为无异于杀鸡取卵、白日抢夺，影响十分恶劣。然而为了充实国库，唐僖宗竟然不顾后果地下令实施。这就引起了很多人的反对和不满，对于这种情况，唐僖宗命令宦官作为执行时的监视人，要他们在现场监视那些商人，如果发现有商人对调整令稍有不满，就将他捆起来，送到京兆府中乱棍打死。虽然朝臣们明知皇帝的行为十分不明智，但是迫于淫威没有人敢出面劝阻。

在黄巢义军快打到长安的时候，急需军费和逃亡路费的僖宗再一次想出了筹钱的办法。这一次唐僖宗的目标不单是商贾，他还想要将富户大室一半的财产充入国库，表面上唐僖宗说的是借，但是人们都知道这种形同抢劫的借贷是有借无还的。当时被派去镇压农民起义的大将高骈上奏，劝谏他说："天下盗寇蜂起，就是因为百姓饥寒交迫走投无路，只有富户、商贾未反。"高骈的意思就是，现在天下百姓都要反叛，只有这些富商尚未造反，现在皇帝要抢占他们的财产，这不就是在逼迫他们也造反么？这样的一席话，使得僖宗不得不放缓了搜刮的步伐，他的强取豪夺的行为稍稍有所收敛了。

光启四年（公元888年）初，僖宗将年号改为"文德"，在这之后不久，僖宗就旧病发作，没有多久就不治身亡了。作为唐王朝史上最为年轻的皇帝，僖宗在位的这十四年朝政黑暗、战乱纷起、生灵涂炭，而僖宗也在享尽了富贵的同时饱尝了颠沛流离之苦，死的时候只有二十七岁。

在僖宗统治时期，唐朝国势急转直下，作为一名皇帝，僖宗没有太大的才干，但他也不是一个凶狠残暴的人，只是他生不逢时。在那样的环境中，僖宗甚至没有机会明白什么是明君，更没有机会去尝试做一位明君。

满城尽带黄金甲

黄巢是曹州冤句县人，原本是一个盐商家庭的孩子，他精通骑射，同时还颇有文采，能够作诗。五岁时，黄巢的父亲让他以菊花为题作一首诗，黄巢随口就作了一首诗，其中两句是"堪于百花为总首，自然天赐赫黄衣"。黄父听了很不满意，因为黄巢诗作得还不错，可是其中的王者气度却不是一个普通的孩子应该具有的，在君权至上的古代，这样的诗如果不是出自一个五岁幼童之口，甚至可以作为心存不轨、意图谋反的证据。

黄巢自幼就有凌云之志，不甘于人下，但是在他成年之后多次参与科举，却是屡试不中。面对这种状况，失意的黄巢决定弃文从武，继承祖业。他豪爽豁达，喜爱扶危救急，结交了不少英雄豪杰，也收留了很多投奔于他的亡命之人，由此组织起了一支武装队伍，这就是他后来起兵造反的基础。

唐僖宗乾符元年（公元874年），关东大旱，百姓们颗粒无收，面对这种情况，当地的官员们不但没有给予百姓们帮助，反而还强迫他们必须按规定缴租税，服差役。走投无路的百姓们纷纷投靠黄巢，希望能得到帮助。在这种情况下，黄巢和当地的官府已经发生了多次的抗争，所以当他听到王仙芝起义的消息，看到王仙芝起义的檄文的时候，就下定决心要参加王仙芝的起义军。

于是当王仙芝带领着尚君长等人攻破濮、曹二州，攻入郓州之后，黄巢在冤句揭竿而起，响应王仙芝的起义，并且很快招募了数千人前来投军。黄巢和王仙芝一起打着起义的大旗，到处征战，并且得到了天下人的响应，这支起义联军在短短的数月之中就发展到了数万人。

黄巢的军队最初进攻沂州，但是未能成功，于是就开始在山东、河南等地转战进攻，成功攻占了阳翟、郏城等八个县。到了乾符三年（公元876年）的九月，黄巢和王仙芝的军队攻占了汝州，并杀死了唐朝的大将董汉勋，俘虏了宰相王铎的堂弟汝州刺史王镣，这之后，起义军的目标就指向了东都洛阳。

受到威胁的朝廷看到起义军来势汹汹，一味态度强硬地派军平叛，效果并不很好，因此下令招安起义军领袖，将王仙芝封为左神策军押牙兼监察御史。对于这次招安，黄巢非常反对，甚至对心存动摇的王仙芝破口大骂，最终这次招安以失败告终，但是从这以后，黄巢、王仙芝就开始分兵行动，之后虽然有过短暂的合作，但是没能长久地在一起。

乾符四年（公元877年）二月，黄巢带领军队成功地攻占了郓州，杀死了节度使薛崇。同年三月，又将沂州攻破。乾符五年（公元878年）的二月，王仙芝在黄梅战败，被曾元裕部斩杀。这样王仙芝的余部面临着群龙无首的状况，于是他们决定投靠黄巢。这时黄巢正带兵攻打亳州，就在战事胶着不前的时候，尚让率领王仙芝的部队来投靠，使得黄巢的部队实力大增。这之后黄巢成了整支起义军的首领，他统领这支队伍继续和唐王朝抗争着，黄巢被人们推选为王，称"冲天大将军"。

为了镇压起义军，朝廷调集了大量的兵马围攻黄巢。面对这样的场面，黄巢知道自己没有胜算，于是假装要投降朝廷。面对这个消息，唐僖宗感到十分高兴，他立刻下诏任命黄巢为右卫将军。同时黄巢和朝廷达成协议，准备完成投降仪式。

就在朝廷积极准备相关事宜的时候，黄巢也在准备着，但是他准备的是战略部署。所以当约定的时间到来的时候，黄巢出其不意地进攻了唐军的多个州城，然后又开始向洛阳进军。但是这时唐军已经明白了黄巢的策略，所以黄巢北上的愿望没有能够实现。

这时黄巢发现朝廷在北方屯兵的数量要远远多于南方，起义军很难在北方与人多势众的唐朝正规军正面对抗，行动处处都受到限制。于是黄巢就采取了避实就虚的策略，主要进攻兵力空虚的南方，在这些地方作战中，他一方面采用灵活的转战战略，另一方面扩展自己的实力。

乾符五年（公元878年）的三月，黄巢带领军队开始进攻汴、宋二州，这次的进攻被时任东南面行营招讨使张自勉成功地阻击了，于是黄巢开始转而进攻叶、阳翟等地。为了抵御黄巢的军队，朝廷在东都附近的伊阙、武牢等地派遣了三千士兵守卫。面对这种局面，黄巢挥兵南下，和王仙芝的旧部遥相呼应，他们接连攻占了下饶、信等州。同年十二月，黄巢军成功进入福州。

就这样，起义军渐渐向南推进，乾符六年（公元879年）的九月，最终攻下了广州，并且俘获了岭南东道的节度使李迢。之后黄巢又派兵攻击桂州，进而控制了整个岭南地区。

经过连年征战，黄巢也有过同朝廷议和的念头，希望能够和朝廷分地而治、互不侵犯。但是朝廷认为，广州是一个非常富饶的地方，不能把它交给叛军，因此拒绝了黄巢的要求，只授予黄巢一个太子东宫率府率的虚职。面对传旨的特使，黄巢非常愤怒，也对朝廷彻底失望了。

当时的岭南气候十分湿热，黄巢军队中的很多将士死于瘴疫，将士们都请求黄巢北归，以成大业。就这样，黄巢带领部队从桂州出发，乘坐木筏，他们沿着湘江而下，直逼江陵，他们的目标是北上襄阳。一路征战下来，起义军的队伍已经扩大到了五十万，沿途的很多城市都成了起义军的囊中之物。

连番的胜利使黄巢开始轻敌，所谓骄兵必败，起义军后来进攻荆门时果然大败于山南东道节度使刘巨容的部队，遭受了惨重的损失。面对这种情况，黄巢只能带领起义军再次南下。

南下的起义军中再一次爆发了瘟疫，这场瘟疫使得起义军遭到重创。此时淮南节度使高骈的部下张璘又率军围攻黄巢，为了拖延时间赢得转机，黄巢再次诈降。高骈得知黄巢请降的消息之后，欣然同意了黄巢的要求，并且答应帮他谋求一个节度使的职位。为了表示诚意，也为了独占功劳，高骈竟然将各地的援军都遣送了回去。黄巢趁此机会立刻出兵击杀了张璘，这次胜利使得低迷已久的起义军士气大振。这之后，起义军连战连捷，一鼓作气攻克了睦州、婺州等多个城市，之后更是渡过了长江，兵力直指淮南。

与黄巢军队万众一心、势如破竹的情况相比，朝廷派来平叛的各路军队之间矛盾重重，无法协调，很多城市更是发生了兵变。这样的联军显然无力阻挡起义军前进的步伐，联军的防线就这样不攻自破了，起义军渡过了淮水，进入中原。

当时的宰相王铎认为黄巢军只不过是一些乌合之众，所以他主动请战。对于他的请战，唐僖宗感到非常高兴，僖宗一口答应了王铎，派他带兵征讨黄巢。然而，随着王铎出战的，除了朝廷派的大军，竟然还有他的姬妾。对于他的这种行为，被留在京城的正房夫人十分恼怒，甚至派遣丫鬟到前线向王铎问罪。

无奈的王铎只得对自己的幕僚们连连感叹，说现在黄巢在北上，但是夫人又要南下了，自己到底该怎么办？他的那些手下和他开玩笑说，要不大人可以先投降黄巢，躲躲风头。由此可见当时军纪之松散，大臣将军国大事当儿戏的做派。

当时朝廷任命李系为行营副都统兼湖南观察使，派遣他带领十万大军驻守在潭州，期望他能够阻断黄巢前进的步伐，但是当起义军攻占了永州和衡州，抵达了潭州城下之后，胆小的李系不敢应战，他紧闭城门，躲避着黄巢的军队，起义军用了不到一天的时间就攻下了潭州，湘江的水全都被十万唐军的血染红了。之后黄巢军乘胜追击，他率领着五十万大军逼近江陵，然后兵不血刃地占据江陵。

广明元年（公元880年）的八月，黄巢军成功打败了曹全晟，他们渡过了淮河，高骈不敢和黄巢军队抗争，只是留在扬州观望形势，各州县更是纷纷投降，到了十月，申州被黄巢攻陷，起义军进入了颍州、宋州、徐州、兖州等地。十一月的时候，黄巢的军队行至汝州，他们于十七日攻下了东都洛阳，王铎的防线很快就被黄巢攻破了。十多天后，起义军从洛阳出发，继续向西行进，在激战了六日之后，黄巢又一路向潼关进攻，最后终于杀到了长安城下。

不久，黄巢带兵攻进了长安城，当时的金吾大将军张直方带领着众人迎接黄巢进入皇城中，黄巢治军严谨，他命令部下"整众而行，不剽财货"。因为如此，这支大军在取得胜利之后依然能够在城内保持军纪严明，他们告诉城中的人："黄王起兵，本为百姓，非如李氏不爱汝曹，汝曹但安居无恐。"同时黄巢向贫民们分发财物，因此起义军受到了百姓们的热烈欢迎。

广明元年（公元880年）的十二月十三日，黄巢在含元殿称帝，他建立了大齐政权，将年号定为金统。对于原来李唐王朝的官员，黄巢留用了四品以下的，其他的高官全都遭到了罢免。黄巢任命尚让做太尉兼中书令，任命赵璋为侍中，任命孟楷、盖洪为尚书左、右仆射，任命皮日休为翰林学士。

但是没过多久，黄巢所立的军规就荡然无存了，黄巢的那些部下，在城中烧杀抢掠无所不作，对于这些，就连黄巢也禁止不了，这样导致了留守在长安的唐室官员整日惶惶。同时黄巢对于逃走的唐僖宗没有及时派兵追击，给了唐军喘息的机会，这些都为黄巢起义的失败埋下了祸根。

皇帝的避难所

唐朝末年起义不断，社会矛盾十分尖锐，被生活所迫的人民不断地爆发起义，像在懿宗时期爆发的裘甫、庞勋起义，都是唐朝政府在花费了大量的人力和财力之后才平息的。但是这都只是一时的镇压，在那个社会矛盾非常激化的时代，也只能是治标不治本。唐僖宗在统治时期，不但没有励精图治，反而使政治变得更加腐败，这个时期百姓身上的负担变得更重了，所以又爆发了王仙芝、黄巢起义，这些斗争给李唐王朝以沉重的打击，使得日渐腐朽的政权变得更加摇摇欲坠。

广明元年（公元880年），潼关以东的广大地区已经是战火连绵了，对于这些事情，无心政事的僖宗完全不知道，但是掌控大军的田令孜早就已经知道了，所以他提前做好了逃跑的准备。当然，因为皇帝是他荣华富贵的保证，所以他要为皇帝事先准备好逃跑的路线。

十一月，东都洛阳被黄巢义军攻下，田令孜知道危机已经临近了，于是当黄巢的起义军兵临长安城下时，僖宗在田令孜的引导之下，甚至没有来得及通知文武百官，也没有召集军队，就只带着身边的五百名神策军和福、穆、泽、寿四王及几个妃子，一起步行到长安西门。

因为起义军的进攻十分迅猛，很多大臣并没有来得及逃离长安，宰相卢携饮鸩自尽，尸体被后来攻入长安的黄巢军队从棺材里拖了出来，当众将他碎尸万段，其他的一些高官如崔沆等人纷纷遭到杀害，一时间长安城到处一片惨象。

就在长安城陷入一片混乱之时，僖宗在五百神策兵的保护下从长安城的金光门逃了出去，他们一行人匆忙地向西逃去，连马都没来得及骑。就在他们急忙出逃的时候，恰好遇到了一行骑兵，他们向着僖宗喊道："黄巢是来清君侧的，如果皇上西迁，置关中父老于什么境地？请陛下快回长安！"听了这些言论，田令孜急忙命人将这几名士兵处死，然后将他们的马抢了过来，就这样僖宗才终于摆脱了步行的窘境。

僖宗本身是一个喜好玩乐的人，所以他的骑术十分了得，这一路上他并没有受太多的苦。但是和他一起的几个嫔妃从小都是娇生惯养、养尊处优的，所以这一路上她们体会到了前所未有的颠沛流离。由于马匹有限，甚至连福、穆、泽、寿四王也只能步行，寿王李杰走不动了停在半路上的一块大石上休息，田令孜担心拖慢行军速度，被起义军赶上，竟然挥鞭抽打寿王，并且呵斥着命他快走。面对跋扈的田令孜，李杰感到十分愤恨，他狠狠瞪了田令孜一眼，在心中暗暗下定决心，将来一定会报复回来。之后李杰只能在小宦官的搀扶下继续前进。这件事情就使田令孜为自己留下了满门抄斩的种子。

十二月十三日，唐僖宗等人终于到达了兴元，这时僖宗命令全国的兵马一起进攻黄巢，收复京城。在全国军队的围攻下，黄巢军被孤立在了长安近郊的一块狭小的土地上。然而由于各路官员纷纷赶到，偏僻贫穷的兴元难以支持越来越大的开支，钱财粮草等物资出现了周转不灵的现象。面对这种境况，僖宗在田令孜的劝说下又来到成都，在很长的时间里，这里就成为僖宗新的避难所。

僖宗最初来到成都时，曾经给蜀军的每个将士赏钱三缗，后来从其他地方进献的金帛越来越多，这时田令孜就私自将这些奖赏给了自己的亲信，而不再交给蜀军的将士，对于这件事，当时蜀军中不满的人很多。这种不满积攒到了一定程度之后就爆发了出来，当时田令孜在宴请诸军将领，所有将领中只有西川黄头军使郭琪没有接受田令孜的敬酒，他威胁田令孜说，希望蜀军能和其他保护皇帝的军队得到同等的待遇，如果再有赏赐不均之事发生，那么难免会发生变故。

听了这话，田令孜十分不悦，便换了一杯毒酒给郭琪，郭琪明知此酒有毒，但田令孜势大不敢违抗，也只能喝了下去。好在此酒毒性不烈，郭琪回家以后延医治疗，保住了性命。愤怒之下，郭琪果然带兵作乱，在城中烧杀抢掠了一番，然后逃出了成都，前去扬州投奔了高骈。

在四川生活的僖宗，虽然满意在成都的奢侈生活，但是再怎么说成都和繁华的长安是不能相比的，所以每当他望向长安的方向都会伤心地哭泣，每次多是因为田令孜的安慰，才稍稍得到宽慰。这一时期田令孜为了讨好皇帝，经常拿打胜仗的捷报给僖宗看，对于那些打败仗的战报则是隐瞒不报的。

这时的僖宗偶尔也会为朝政费心，当时诸道都统高骈和相邻的镇海节度使周宝之间有矛盾，这矛盾直接对与起义军的作战产生了影响。为了使他们尽快和解，僖宗这一次亲自看了大臣们给高骈与周宝写的诏书，他一连看了几份翰林学士起草的诏书，都觉得不是十分满意，最后田令孜找人代笔写了一篇诏书，才博得了僖宗的欢心。

中和四年（公元884年）七月二十四日，黄巢起义失败之后，僖宗在成都举行了一场盛大的献俘之礼，然后带着官员们高高兴兴地准备返回长安。因为黄巢军队对长安造成了非常严重的破坏，所以很多宫殿都需要整修，再加上那些官员们大都忙于争权夺势，所以僖宗真正从成都启程返回长安的日期是中和五年（公元885年）的正月。在历经千辛万苦之后，僖宗在三月二十二日回到了已经离开四年之久的京师，然后宣布大赦天下，并改元光启，希望从此以后唐王朝的统治能够和平稳定，天下太平。但是遗憾的是，这样的愿望最终并没有实现。

被墙头草坑了一把

朱温是宋州砀山人，他"家世为儒，祖信，父诚，皆以教授为业"，但是由于幼年丧父，只能与母亲一起给别人做佣仆为生。朱温天资过人，孔武有力，史称"勇有力，而温尤凶悍。不事生业，以雄勇自负"。

年仅二十多岁的朱温，在看到黄巢带领大军渡淮之后，感到势如破竹的黄巢军一定能成就一番大的事业，于是便加入了黄巢的军队。生活在社会最底层的朱温，对于金钱和权力的欲望十分旺盛，他不畏强暴、敢于抗争，同时也阴险凶虐、看风使舵。当遇到困境之时，他首先想到的就是自身的利益，如果现状已经不能满足他的需求了，他就会毫不犹疑地改弦易辙，另投他人。

在黄巢攻入长安时，朱温已经是深受黄巢重用的一员大将了，他官拜东南面行营先锋使，负责驻守在东渭桥，还成功地让唐夏州节度使诸葛爽投降了起义军。之后朱温又奉命转战到了河南一带，他很快就攻占了邓州，当朱温胜利返回长安的时候，恰好是黄巢在灞上犒劳士兵的时候。

黄巢又派遣朱温驻守长安西面的兴平，命令他阻击从邠、岐、鄜、夏等州而来的唐军，这次战役朱温又一次取得了胜利。在之后的战役中，朱温凭借自己的能力一直不停地取得胜利。就这样五年的军旅生活之后，朱温从一个毛头小子变成了黄巢"大齐政权"的重要功臣。

中和二年（公元882年）正月，起义军被困在了长安，当时黄巢任命朱温为同州刺史，原本这应该是一件值得庆祝的事，但是当时的事实是，那个时候的同州城并不在黄巢的统治之下，朱温如果想要走马上任就必须要亲自去攻打那里，所以黄巢的任命其实是一纸空文。

万般无奈的朱温只得自己带兵向同州进军，比较凑巧的是当时负责镇守同州的守将竟然不战而逃，将同州拱手让给了朱温。与同州一河之隔的地方是河中节度使王重荣的驻地，与朱温相似，王重荣也是一个看风使舵之辈，他曾经投降过起义军，后来当僖宗在四川要求各地将领围攻起义军时，他为了自保再一次投降了朝廷。

在和王重荣斗争的过程中，朱温经常因为兵力不足而吃亏。在多次战败之后，万般无奈的朱温只能选择向黄巢求助，但是他的求援信，却被当时主管军务的孟楷给拦阻扣压了下来。面对这种情况，朱温觉得束手无策，就在这种情况下，朱温的一位谋士谢瞳趁机进言："黄家起于草莽，幸唐衰乱，直投其隙而取之尔，非有功德兴王之业也，此岂足与共成事哉！今天子在蜀，诸镇之兵日集，以谋兴复，是唐德未厌于人也。且将军力战于外，而庸人制之于内，此章邯所以背秦而归楚也。"劝说朱温背叛前景无光的黄巢，改投朝廷。

听了谢瞳的话，朱温感到非常有道理，这些话点明了朱温自己真实的心意。为了实现自己的目标，为了将来能有更好的机会，在一番思索之后，朱温杀了黄巢的监军使严实，带领自己的部队投降了王重荣。

由于朱温的这次投降，唐军的士气得到了极大的鼓舞。唐僖宗得知朱温投降的消息之后，觉得自己终于找到了黄巢之乱的解决契机，他认为，对李唐王朝来说，朱温的投降是上天赐予他的机会。在他的眼中，朱温就是他复兴祖业的希望。于是僖宗任命朱温为同华节度使，没过多久又将他升任为右金吾大将军、河中行营招讨副使，同时，皇帝亲自为他赐名为"全忠"。那时的唐僖宗完全没有想到这个朱全忠竟然就是唐王朝的终结者。

这一年的十二月，河中节度使王重荣和行营都监杨复光成功地招降了骁勇善战的李克用，他们许给李克用的官职就是雁门节度使，李克用同时还兼任了东北面行营都统，从此讨伐黄巢的责任就从朱全忠的身上转移到了李克用的身上。

中和三年（公元883年），黄巢的军队在李克用和朱全忠的围攻下被迫撤出长安，逃入了商山。

中和四年（公元884年）六月十五日，武宁节度使时溥派李师悦带领万名官兵和降将尚让一起追击黄巢的军队。六月十七日，黄巢的军队被逼入了泰山。这之后关于黄巢的去向有很多传说，有人说黄巢死在了泰山，像《新唐书·黄巢传》中就有这样的记载："巢计蹙，谓林言曰：若取吾首献天子，可得富贵，毋为他人利。言，巢甥也，不忍；巢乃自刎。"

也有人说，其实黄巢并没有死，这一切都是人们为了保护黄巢用的障眼法，邵博在《邵氏闻见后录》中指出，"唐史中和四年六月，时溥以黄巢首上行在者，伪也。东西两都父老相传，黄巢实不死，其为尚让所急，陷泰山狼虎谷，乃自髡为僧，得脱，往投河南尹张全义，故巢党也，各不敢识，但作南禅寺以言之ợ"《五代乱离记》也有类似的说法："黄巢遁免，后祝发为浮屠，有诗云：三十年前草上飞，铁衣著尽著僧衣，天津桥上无人问，独倚危栏看落晖。"

但是不管怎么说，自此以后黄巢就离开了历史舞台，之后黄巢的儿子黄皓带领着剩下的部队到处流浪，被称为"浪荡军"。这支军队在昭宗天复初年的时候，在湖南被湘阴土豪邓进思所灭。到此黄巢起义正式结束，在不久的将来，整个唐王朝都将不复存在了。

在李克用追击黄巢大捷之后，还发生过这样的一段插曲，面对连战连胜的李克用军队，留在汴州城内的朱全忠心中百转千回，朱全忠在汴州城看着李克用的沙陀军队，感叹这不愧是一支骁勇善战的部队。但是一想到自己投奔了李唐，现在军功却全都被李克用取得了，长此下去，自己将无法和李克用争夺权势和地位了。朱全忠知道，作为降臣，如果不能取得军功，将再也没有机会得到唐王室的信任，也就失去了当初背叛黄巢的意义。于是他坚定了要和李克用拼个你死我活的决心。

为了得到主动权，朱全忠决定要先下手为强。中和四年（公元884年）的五月十四日，朱全忠写了请帖热情地邀请李克用来参加宴会，把原本想要即日出发的李克用硬是弄进了汴州城内，他将李克用安排进了上源驿的高级宾馆内。为了招待他，朱全忠举办了一场十分盛大的宴会。

可以说朱全忠的这场宴席是一场地道的鸿门宴，在宴会中，朱全忠对李克用十分礼遇，即使李克用一直神情倨傲，用盛气凌人的态度对待朱全忠，朱全忠也表现得十分谦恭、谦卑。他一直向李克用赔着笑容，不停地向李克用敬酒，没过多久，李克用就已经喝得酩酊大醉了，这时朱全忠向自己的心腹大将杨彦洪使了个眼色。杨彦洪作为朱全忠的心腹大将，早就知道了朱全忠的意图，他趁人不注意悄悄地离开了宴席。

这场酒宴一直到黄昏才结束，李克用已经醉得不省人事了，只能在手下的搀扶下，勉强地站起来。就在这个时候，李克用的四周突然响起了震耳欲聋的喊杀声，朱全忠的军队全副武装地降临到李克用等人的面前，持刀砍向李克用等人。面对这种场面，李克用的亲兵们一下子都酒醒了，他们奋力抵抗，但是醉得厉害的李克用依然不省人事，士兵们只能用冷水浇醒他。

好不容易清醒的李克用直到这时才弄清楚朱全忠的用心，他拖着沉重的身体慌忙抵抗，而朱全忠则指挥士兵放火，用烈火和浓烟包围李克用等人。李克用手下的士兵们将李克用围在中间翻过院墙，拼尽全力为李克用杀出一条血路，在朱全忠枪林箭雨的包围中成功实现了突围。

李克用一行人来到汴州城的南门时，城门紧闭无法出城，李克用的亲兵们用绳索将他放到了城外，这才帮助他逃离了朱全忠的追杀。但是就在这一天，李克用失去了和他一起进城的二百多名亲兵以及监军宦官陈景思，这些都是他的心腹，这个仇恨一直埋藏在李克用的心中。

就这样，朱全忠为自己树立了一个死敌，在李氏王朝最后的二十多年中，他们一直是对立的关系，并且这种仇恨一直延续到了他们的后代身上，这也就是后来五代时期后唐与后梁之间连年征战的原因。

第九章

日落长安，众叛亲离的大唐残照

冷庙烧香

唐懿宗咸通八年（公元867年）二月二十二日，宫人王氏在大明宫诞下了一个婴儿，不久以后，这个出身微贱的女子便在默默无闻之中去世。然而没有人能够料到几十年后，正是这个婴儿为她带来了世间女子可以得到的最高荣誉，因为这个婴儿就是日后的唐昭宗李晔。

李晔是唐懿宗的第七子，唐僖宗之弟，出生以后，他的父亲为他起名李杰，希望他日后能够成为杰出的人才。而幼小的李杰也不负父亲的殷殷期望，十分聪颖好学，六岁时被封为寿王。随着李杰慢慢成长，他的才华也逐渐显露，少年时代的李杰不仅书读得很好，而且雅善文学，时常与文采出众的大臣们吟诗作赋、诗词唱酬，此外李杰在音乐方面的造诣也很高，精于填词谱曲，史籍中有不少他亲自谱曲与大臣一同欣赏的记载。

广明元年（公元880年），黄巢带领起义军攻下了唐朝的东都洛阳，并势如破竹地向长安进发，僖宗皇帝望风而逃，西幸蜀中，寿王李杰就在随行之列。由于出逃十分仓促，准备不足，而入蜀的道路又"难于上青天",一路上李杰吃了不少苦,也看尽了乱世艰辛,从此更加注重对于骑射武艺的练习,练出了一手精妙箭术,一箭就能射下高空中翱翔的凶悍秃鹫,称之为百步穿杨也并不为过。

光启四年(公元888年)二月,流亡蜀中的唐僖宗终于得以返回长安,只是此时他已经在长期愁苦忧患的颠沛流离中重病缠身了。回到长安的僖宗拖着沉重的病体,用繁复的礼仪拜谒了太庙,然后下令改元"文德",并大赦天下,希望以此来稳定民心,一扫过去的风烟尘迹,开启一个崭新的时代。然而事与愿违,一个月后,年轻的僖宗就在武德殿"暴疾"而终,享年仅二十七岁。

僖宗年轻而崩,生前并没有立过太子,也没有成文的遗诏指定下一位皇帝的人选,所以在三月三日僖宗"暴疾"之时,朝臣和宦官们就开始考虑拥立谁来继位的问题了。僖宗虽然年轻,但已育有两位皇子,只是他们年纪幼小,不通世事,所谓"国赖长君",何况又是如此叛乱纷起、内外交困的乱世,无论是朝中大臣还是实际上掌握皇权的宦官集团都不愿拥立这两位小皇子,而倾向于在懿宗诸子中择立新君。

唐懿宗李漼共有八子,其中僖宗是皇五子,吉王李保是皇六子,寿王李杰是皇七子。按照中国古代立嫡立长的原则,寿王李杰本没有继位的资格。而众位大臣也大多认为吉王李保贤能仁善,有人君之相,年纪也长于寿王,如果继位,一定能够励精图治、爱护百姓,成为一位明君,因此愿意拥立吉王李保为皇嗣。

然而掌握军权的宦官杨复恭却力主拥立寿王李杰,一方面因为李杰受到僖宗器重,在僖宗多年的流亡生活中一直随侍左右,与僖宗身边的宦官们关系也不错。更重要的是众多朝臣都拥立吉王李保,如果宦官集团也拥立吉王，那么只能算锦上添花，而拥立相对来说比较冷门的寿王李杰则能独得拥立之功，待李杰登基之后自然能够得到皇帝的宠信，攫取更多的利益。

事实证明，晚唐宦官专政的环境下，在废立皇帝的问题上，宦官对朝臣拥有压倒性的优势。三月五日，僖宗进入弥留之际，已经不能言语，杨复恭对卧于榻上的僖宗提出立寿王李杰为皇太弟，继承皇位，命垂一线的僖宗不知是表示同意还是无意识地略点了一下头，杨复恭就认为已经得到了僖宗的恩准。

于是他立即命人下诏立寿王李杰为皇太弟，监军国事，并更名为李敏，又派右神策中尉刘季述率领禁军到诸王聚居的十六王宅去迎接寿王入宫，安置在少阳院。为了给朝臣一个交代，杨复恭又派人请来宰相孔纬、杜让等到少阳院参见寿王，其实此时大事已定，无论朝臣对于寿王是否满意，都已经没有变更的余地了，好在群臣见到李杰后发现他"体貌明粹，饶有英气，亦皆私庆得人"。就这样，李杰得到了宦官集团的支持和朝臣们的认同，皇位归属就此尘埃落定。

第二天，唐僖宗驾崩，皇太弟李敏在灵柩前即位，又更名为李晔，成为了历史上的唐昭宗，也是唐朝最后一个以皇太弟身份即位的皇帝。

喝酒喝出仇人来

唐末农民战争虽然失败了，可唐帝国也陷入了四分五裂的境地，迁回长安的唐僖宗只能勉强直接控制长安周围的十几个州，在皇宫内苟延残喘。靠和黄巢作战发家的各路节度使，以及从黄巢军中叛变出来的野心家，纷纷拥兵自重，占据一方土地，彼此征战不休。唐失其鹿，天下共逐之。究竟谁会成为笑到最后的人呢？

这一时期，诸军阀中势力最大的莫过于蔡州的秦宗权。秦宗权是许州人，后来进入忠武军担任牙将。如果天下太平，可能秦宗权会是个忠心耿耿的中级军官。然而造化总是弄人，身处乱世之中，秦宗权的野心膨胀得很快。

广明元年（公元880年），秦宗权发动兵变，将蔡州刺史驱逐下台，占据了蔡州。随即他要面对的是渡过淮河，进逼蔡州的黄巢大军。秦宗权先是死守城池击退了敌军的数次进攻，接着在援军的支持下又亲率精兵逆袭黄巢，大获全胜。然而好景不长，三年之后，黄巢退出长安，再次东进。这次秦宗权抵挡不住黄巢军的攻势，只得投降起义军。或许是秦宗权的勇猛善战让黄巢也颇为敬服，他摇身一变又成了黄巢军的得力大将。

归降黄巢的秦宗权与黄巢合兵攻打陈州，虽然在陈州刺史的抵抗下，陈州始终没有沦陷，但前来救援的宣武节度使朱温、忠武军节度使周岌和感化军节度使时溥的兵马也久战不胜，双方僵持了一年，战况极其惨烈，甚至发生了人吃人的惨剧。直到李克用出兵南下，方才解围。秦宗权所部战斗力之强，可见一斑。

黄巢败死之后，秦宗权干脆在蔡州称孤道寡，当起了皇帝，并且迅速扩张自己的势力范围。其部将秦彦东进江淮，秦贤南下江南，秦诰攻陷襄阳，孙儒则西进长安。秦宗权势力极盛之时，陕、洛、怀、孟、唐、许、汝、郑州皆归其节制。中原一带除了陈州之外，只有朱温所在的汴州没有陷落。秦宗权生性残暴，其军队所过之处，城邑残破，百姓流离。据说其部队行军，从不带粮秣，而是用车子载着用盐腌过的人尸，以吃人维生。他在中原地区迅速坐大，给野心勃勃的朱温造成了严重的威胁。

朱温也算得上是一名乱世枭雄，从参加黄巢起义成为得力大将，到摇身一变成为保唐的忠臣。朱温一直在为自己的生存发展和荣华富贵用尽手段。在残唐五代这个道德沦丧、人心叵测的时期，兄弟相残，朋友反目，甚至父子相争，都是司空见惯之事。而朱温毫无疑问把这一套用得得心应手。他在坐稳了汴州刺史、宣武军节度使的位置之后，便开始将秦宗权作为自己进一步扩张实力的障碍，着手予以剪除了。

话虽如此，但秦宗权地盘广大，军势强盛，要如何才能取胜呢？这难不住朱温。他一方面派部将朱珍到淄州、青州等地招兵买马，充实自己的部队，另一方面又联合兖州的朱瑾、郓州的朱瑄共同攻打秦宗权。秦宗权此时兵强马壮，未免有些懈怠，其部下连连被朱温击败。得知出师不利的秦宗权亲自进攻汴州，反而被三镇联军在汴州北面打得大败，自此元气大伤，一蹶不振，秦宗权部的将领也先后向朱温投降，朱温趁机调集大军围攻蔡州。

光启四年（公元888年），蔡州陷落，秦宗权被部下郭璠擒住，砍去双足献给了朱温。秦宗权被押送到长安，在京兆尹孙揆的押解下游街示众，最后被斩首。据史料记载，此时的秦宗权丝毫没有了昔日的威风和霸气，居然对孙揆说道，我秦宗权并不是造反的人，只是不够忠诚而已。旁观的人对他这句话报以无情的嘲笑，但秦宗权这句看似可笑的话揭示出一个残酷的事实：在天下大乱，唐帝国徒有虚名之时，谁是正义，谁又是叛逆呢？

如同秦宗权看到的那样，由于讨贼有功，被唐昭宗大加提拔，官拜检校司徒、同中书门下平章事，又被先后加封为沛郡侯、沛郡王、吴兴郡王的朱温早在击退了秦宗权向汴州进攻的军队之后，就立刻翻脸不认人，对曾经援助自己的朱瑄和朱瑾两兄弟下毒手。他声称朱瑄拉拢他的部队，并故意写了一封言辞激烈的信件辱骂朱瑄，朱瑄对朱温的恩将仇报非常不满，看到这封书信更是火冒三丈，便在回信中大骂朱温。

朱温以此为借口，发兵击败朱瑄兄弟，并袭占了曹州。此后，朱温以曲阜为据点，频频向朱瑄发起进攻。乾宁元年（公元894年），朱温在鱼山之战中以火攻之计大破朱瑄、朱瑾二军，第二年又包围了兖州。面对朱温凌厉的攻势，尽管杨行密和李克用先后派兵支援，但朱瑄也只有招架之功，全无反手之力。经过两年多的围城战，兖州守将康怀英开城投降，而郓州也被朱温攻破，朱瑄被擒杀。

朱温向江淮地区的渗透引起了占据淮南的杨行密和驻扎在徐州的感化节度使时溥的不满，双方关系日趋紧张。大顺元年（公元890年），宿州发生兵变，唐将张筠将刺史驱逐，宣誓效忠时溥。朱温趁此良机，迅速出兵讨伐，而时溥也发兵宋州，牵制朱温的兵力。

不料此时的朱温早已不是与秦宗权作战时兵少将乏的光景，朱温长子朱友裕率军击败了时溥，而朱温手下大将丁会也以水攻之策顺利攻下了宿州。见此情景，时溥手下将官纷纷投向朱温，从此时溥再也无力与朱温对抗。而朱温则步步进逼，景福二年（公元893年），在朱温的亲自指挥下，大将庞师古攻克徐州城，时溥率全家在燕子楼自焚而死。

将黄淮一带控制在手中之后，朱温将目光转向了河北地区。早在唐昭宗初年，魏博镇发生兵变时，朱温就积极参与此事，试图从中渔利。由于之前朱温派去魏博与时任节度使乐彦祯商量军粮问题的雷邺在兵变中被反对派所杀，朱温军本来是支持乐彦祯之子乐从训的，可是当朱温得知乐从训在突围时已经被发动兵变的罗弘信部下袭杀时，便改变了主意，转而支持兵变。接管魏博的罗弘信自然对朱温感激不尽，愿意效忠，而朱温也借此在河北安插了自己的势力。随后，朱温又发兵救援在李罕之和李克用联合攻击下危在旦夕的张全义并收服之，从此洛阳一带也为朱温所有。

朱温这么做，当然是为了和占据河东的李克用一较高下。其实朱温和李克用并不陌生，正是李克用带兵南下，解了陈州之围；后来黄巢兵发汴州，朱温向李克用告急，李克用再次率沙陀骑兵将黄巢杀得大败，可谓是朱温的救命恩人。可是寡情薄义的朱温见李克用只有二十八岁就如此骁勇，深感假以时日，此人必是劲敌。

正好在庆功宴会上，年轻气盛的李克用多喝了几杯酒，借着酒力说了几句不恭敬的话，朱温便以此为理由，当夜就派人放火围攻李克用下榻的驿馆，想趁其不备斩草除根。谁知也许是老天都看不过去朱温的恶行，当夜狂风暴雨，火攻没有起到作用，又加上李克用的部下拼死相救，李克用狼狈突围，仅以身免。从此双方结下了天大的怨仇。

到光化元年（公元898年），朱温自觉周边形势稳定，便发兵攻打李克用。一开始，战事相当顺利，朱温大将葛从周先后攻克太行山以东的邢、洺、磁三州，随后驻守潞州的李罕之也开城投降。到第二年，朱温已经打下了榆次，进逼太原。不料在其后两战中，李克用以地道之法击败朱温手下大将，又兼之兵粮不继，士气低落，朱温只得撤兵。虽然终朱温一生，也没有攻下太原，但这并不妨碍朱温在河东地区取得决定性的优势。

被宦官囚禁的皇帝

朱温在中原大杀四方之时，唐昭宗却在长安城内过着朝不保夕的日子。

和每日花天酒地不理朝政的兄长唐僖宗相比，唐昭宗对国事政务要上心得多。可是在军阀混战不休、中央政府名存实亡的残唐，唐昭宗的这种性格反而使他的处境更加危险。此时的唐帝国，甚至连长安附近的地区都无法控制。凤翔、邠宁和华州三镇，就像达摩克利斯之剑一样悬在唐昭宗的头上，让他日夜坐卧不安；而各节度使的骄横自大，更让他气愤难忍。

为了解除藩镇对自己的威胁，唐昭宗曾经组织宗室诸亲王建立军队用以自保，甚至直接派禁军攻打日益强大的藩镇。可是久疏战阵的禁军根本不是从修罗场里杀出来的藩镇军的对手。唐昭宗一次次的努力换来的只是无数次的出奔和被囚。长此以往，唐昭宗终于放弃了无谓的努力。

如果说他之前还有重振大唐的伟大志向，那么如今也早已被残酷的现实击得粉碎。地方上的藩镇争斗丝毫没有停止的趋势，反而战火越烧越大，蔓延整个中原地区；而在中央，尽管朝廷的威权已经消失殆尽，但南衙北司之间的斗争依然如故，甚至有愈演愈烈之势。为了在政治斗争中获胜，朝臣和宦官都借助藩镇的力量，说到底，朝廷也不过是藩镇的傀儡而已。

光化三年（公元900年），依附于凤翔节度使李茂贞的宦官宋道弼、景务修和宰相王抟勾结，声称宰相崔胤与朱温内外联络，把持朝政，唐昭宗闻听此言勃然大怒，当即将崔胤贬为清海节度使，命其即日离开长安。谁知崔胤即刻给朱温修书一封要他帮忙。

果然，崔胤前脚刚走，后脚朱温的奏折就送来了，声称崔胤是值得信赖的重臣，决不能离开长安，否则将危及朝廷，宰相王抟勾结宦官，祸乱朝廷，理应处死云云。见到这封语带威胁的信，唐昭宗无计可施，只得将崔胤又追回来，重新任命为宰相，同时免去王抟、宋道弼和景务修的职务并流放外地，不久干脆又处死三人。在这场闹剧中，宦官与朝臣攻讦不休，只可怜唐昭宗就像玩偶一样，被藩镇玩得团团转。

外有藩镇不时作乱犯上，内有朝臣钩心斗角。唐昭宗看着这一切，深知李唐皇室的天下就要完了。无可奈何之际，只得整日以醇酒妇人聊以遣怀，对国事不闻不问，听凭官员们胡闹。右拾遗张道古忠心耿耿，见唐昭宗这样，甚为痛心，毅然上书，耿介直言，不料唐昭宗闻言大怒，立刻将张道古贬职并流放到蜀中。朝臣尚且如此，那些宫内的小宦官和宫女就更是倒霉，经常被喝得酩酊大醉而性情大变、喜怒无常的唐昭宗因为丁点儿大的小事处罚甚至处死。一时间，宫中人心惶惶，人人自危。

唐昭宗如此行事，未免没有韬光养晦，借以避祸的想法，可是他毕竟还是棋差一着，唐昭宗没想到，他在宫内大开杀戒，引起了高级宦官们的疑虑和担心。虽然受罚的只是些底层宦官，但谁知道哪一天唐昭宗不会忽然拿他们出气呢？而且，景务修、宋道弼之死，也让他们大有兔死狐悲之感。于是，以枢密使、左神策军中尉刘季述为首，一个阴谋集团逐渐形成了。

刘季述原本出身低微，后来做了左神策护军中尉刘行深的养子，在唐僖宗时接替父职，逐渐成为在朝中颇有影响的人物。唐昭宗的即位，就是他和杨复恭合谋的结果。在杨复恭、宋道弼、景务修等人死后，他成了宦官集团的首领。此人素与李茂贞关系密切，又对唐昭宗打击宦官的政策十分不满。

此外，在依靠朱温的崔胤掌握大权之后，朝臣的势力明显见长，而宦官的地位则日渐动摇。刘季述眼见日益危险，便决定先下手为强，打算趁唐昭宗不备，发动兵变，拥立太子李裕为皇帝，逼迫唐昭宗逊位，并联合李茂贞和匡国节度使韩建等藩镇，对付可能有所动作的朱温。在刘季述的串联下，右军中尉王仲先，枢密使王彦范、薛齐偓等宦官都参加了密谋。

光化三年（公元900年）十一月初四，唐昭宗到城北的皇家苑囿狩猎，收获颇丰；兴高采烈的唐昭宗当晚大宴群臣，觥筹交错，甚是开心。直到夜半时分，酒足饭饱、酩酊大醉的唐昭宗跌跌撞撞回到寝宫，顺手又杀了几个躲闪不及的小宦官和宫女，然后沉沉睡去。沉浸在梦乡中的唐昭宗并不知道，多灾多难的李唐皇室，又面临着一场劫难。

由于唐昭宗喝得烂醉，一直到第二天天光大亮，他还在呼呼大睡，自然，皇宫的大门也就没有开启。这本是十分正常之事，但在刘季述看来，这却是个天大的好机会。于是，他假作关切地对正在中书省的崔胤表示，宫门紧闭，万一出事，做臣下的当如何自处？不如我们进去看看如何？崔胤不疑有他，便同意了刘季述的要求。没想到，刘季述却趁机调集千名禁军，裹挟着崔胤，打破宫门，长驱而入，将皇宫围了个水泄不通。

刘季述同崔胤进了宫，自然看到昨夜殒命的几个宦官宫女尸横满地的惨状。崔胤正在皱眉心想解决之法，早有准备的刘季述却缓缓地发话了："眼看皇上如此荒唐，如何君临天下，治理国政？倒不如废了这昏君，另立太子为善。为了国家社稷，你我也顾不得许多了。"

崔胤也不是笨蛋，他立刻明白了这一切都是刘季述早就安排好的，故意叫原本与其不睦的自己进宫，当唐昭宗"荒淫无道"的见证人。原本崔胤还打算反驳两句，可是当他看到四周弓上弦剑出鞘杀气腾腾的禁军时，就一下子什么都说不出来了，只好唯唯诺诺地附和刘季述的意见。

拿住了崔胤的刘季述迅速以崔胤等朝臣的名义写了一份联名状，要求唐昭宗逊位，请太子监国，此时崔胤已是身不由己，只好联合百官在上面一一签名。得到这份联名状的刘季述胆子更大、底气更足了。于是，已经做好万全准备的刘季述一面召集了文武百官入宫见驾，一面授意禁军在进入皇宫后大声鼓噪。唐昭宗在思政殿甫一坐定，耳边听到的却都是士兵的喊杀之声，唐昭宗当即吓得面无人色，从龙床上直跌下来，手脚并用地就想逃走。

刘季述看着狼狈至极的唐昭宗以及闻讯赶来的皇后，脸上泛起一丝冷笑。他拿出那张联名状，对唐昭宗说道："陛下不必惊慌，这是群臣看陛下每天喝酒作乐，似乎不想做皇上了，因此百官一致建议陛下退位，请太子殿下监国呢！"唐昭宗闻听此言，还想嘴硬，便道："昨天和百官喝酒，只是喝多了些，怎么就弄成这个样子！"

刘季述哪里还容得唐昭宗分辩，便上前一步，正言厉色道："这是南衙文武百官的一致意见，老奴也没有办法。陛下还是先避避风头，等过了这阵子再说吧！"无奈的唐昭宗只得命皇后何氏将传国玉玺取出交给刘季述，随即同何皇后及十几个内侍在小宦官和禁军的"护送"下，被软禁在了少阳院。

解决了唐昭宗的问题，刘季述接着又带兵直扑太子所在的东宫，对此事毫不知情的太子李裕还不明白是怎么回事儿，就被刘季述裹胁着来到了宫中，随即被立为皇帝，改名李缜。同时唐昭宗被"尊"为太上皇，少阳院也被改为问安宫。

政变就这样发生了。它发生得如此之快，以至于全天下都毫无反应，似乎被这突如其来的变故惊得不知所措。整整一个月，各个藩镇都毫无动作，一片沉寂。政局似乎重新回到了宦官当政的时代，新皇帝的宝座，似乎在刘季述的扶植下也坐稳当了。然而，事情并没有这么简单，在沉默的局势底下，各方势力正在暗暗较劲，这场动乱的高潮，方才拉开帷幕。

二虎相争，朱温得利

光化三年（公元900年），太子李裕在懵懵懂懂之间被扶上了皇帝的宝座，但是，这位甚至没有在历史上留下帝号的皇帝自然不可能成为真正的掌权者，在幕后策划这一切的刘季述才是那个操控一切的人。

大权在握的刘季述自然也知道自己的政变并不得人心，为了巩固政权，刘季述不得不使出了胡萝卜加大棒的政策。一方面，他大肆为百官加官晋爵，又大赦天下，妄图收买人心；另一方面，对平素和自己不睦的朝臣以及唐昭宗以前的亲信，则举起屠刀，大开杀戒。大量的方士、僧人、道士、宫人、随从被杀害，就连唐昭宗的弟弟，贵为睦王的李倚也未能幸免。

刘季述深知，光在朝廷大动干戈还是不能保证自己的地位安如磐石，要想永葆荣华富贵，当今之计唯有联合藩镇，以武力作为后盾。刘季述想来想去，只有势力最为强大的朱温值得投靠。于是，刘季述派自己的义子刘希度赶赴汴州，向朱温详细说明了此次政变的原因，并许诺将政权交付给朱温；为了让朱温心甘情愿地支持自己，刘季述干脆伪造了一份唐昭宗的退位诏书，派供奉官李奉本将其送给朱温。

自从政变以来，各个藩镇并没有贸然行动，但是一些仁人志士已经坐不住了。当时恰好住在华州的进士李愚得知政变的消息，立刻给节度使韩建上书，请他敢为天下先，出兵勤王护驾，拨乱反正。不过由于韩建平素同宦官过从甚密，并未采纳李愚的建议。其实，就算韩建与朝臣交好，他也不会率先举兵。

韩建如此，其他军阀也概莫能外。这并不是这些军阀毫无政治头脑，而是在瞬息万变的政治局势中，往往会出现枪打出头鸟的情况。所有人都在盘算着如何从这个混乱已极的情况中获得最大的政治资本，浑水摸鱼，后发制人，坐收渔翁之利。

朱温自然也是这么想的。政变发生之时，他正在河北定州指挥作战。听说了长安的情况，朱温便立刻返回汴州。他很清楚，以自己的实力，一定会有人找上门百般拉拢的。而情况也果然如他所料，不仅刘季述向他伸出了橄榄枝，就连崔胤也暗暗地给他写了一封信，请他立刻出兵，清君侧平定乱局。

朱温这一下子犯了难，朝臣和宦官的条件都很优厚，说的也似乎都有道理。置身事外固然可惜，但若做出错误的选择，后果非轻啊。犹豫不决之下，朱温召集一干谋士将领讨论此事。不少人都表示朝廷人事变动，藩镇不宜轻举妄动，不如静观其变。可是朱温的重要谋士，时任天平节度副使的李振却力劝朱温出兵勤王。

他指出，刘季述不过是一介宦官，竟敢发动政变，囚禁天子，妄行废立。将其击败，能够获得足够的政治资本，号令天下诸侯也更有底气；而且，太子年幼，朱温又带兵在外，如果同宦官合作，中央号令必然发自宦官,长此以往,仍然是个威胁。倒不如趁此机会,将天子控制在自己手中,挟天子以令诸侯。

如果说一开始朱温还茫然如在梦中,那么李振的一句"王室有难,霸者之资"则无疑使他恍然大悟。朱全忠当即做出了出兵的决定。他先扣押了刘希度和李奉本两人,接着派李振赴长安打探消息,发现长安正笼罩在一片恐慌中。

原来,天下藩镇对政变暧昧的态度已经足以让宦官们心惊肉跳;而右军中尉王仲先为了追查军中被贪墨的钱粮,天天动刑拷打相关人员,让军队中也士气浮动,人人自危,毫无战斗力。朱温得知了这些情况,更加坚定了出兵的决心。于是他又派出亲信蒋玄晖到长安秘密会见崔胤,商讨恢复唐昭宗帝位之事。并且派大将张存敬兵发河中,夺取了晋州和绛州,为西进建立了桥头堡。

得到了朱温的支援,崔胤踏实了许多,便放心大胆地开始谋划如何推翻刘季述等宦官的势力。不过,朱温虽然表示了支持,但毕竟远在汴州,而要推翻刘季述等人,非得有相当实力的武装力量不可。可是长安的军权都控制在宦官手里,这可如何是好呢?正在一筹莫展之时,老谋深算的崔胤发现了一个人:左神策指挥使孙德昭。

孙德昭虽然是赳赳武夫,但是颇有忠君爱国的想法。他对于刘季述等人废立侮辱唐昭宗,大逞淫威的做法十分不满,但是迫于时局又不敢声张,只是时时露出愤愤不平之色。这并没有逃出崔胤的眼睛,于是他便指使亲信石戬故意接近孙德昭,进一步观察他的情况。

不久,石戬就发现孙德昭喝醉后经常痛哭流涕。石戬见有机可乘,便游说孙德昭,他痛陈刘季述的种种恶行,指出其倒行逆施已经激起了天下人的公愤，只是迫于淫威不敢有所作为。如果孙德昭能够为天下先，诛杀阉竖，迎接唐昭宗复位，一定能建功立业，名垂青史。此事不宜犹豫不决，否则被别人抢先就不好了。

这一番话句句都说到了孙德昭心坎里。原来，他虽然对刘季述等宦官颇多不满，但其地位相对较低，并不敢贸然干预国家大事。如今见有人支持，顿时生出百般勇气。石戬又将崔胤的计划告诉孙德昭，孙德昭当即表示全力与崔胤合作。他不仅与崔胤盟誓，还找来了右军将领董彦弼、周承诲一起行动。

经过周密的安排，崔胤等人决定擒贼先擒王，趁刘季述等人不备突袭之。光化四年（公元901年）正月初一清晨，右军中尉王仲先在进宫途中，于安福门被早已埋伏在这里的孙德昭带兵擒杀。接着孙德昭带着王仲先的人头赶往已改名为问安宫的少阳院迎请唐昭宗。此时的唐昭宗等人受了一个多月的苦，已是惶惶然如惊弓之鸟。

孙德昭在宫殿外大声呼喊唐昭宗出来，竟然被何皇后认为是刘季述布下的陷阱。无奈之下的孙德昭只得把王仲先的人头扔到院中。这下子唐昭宗才相信宦官已经完蛋了。又惊又喜的唐昭宗连忙命宫人捣毁宫门，出外与孙德昭相见。此时，崔胤率领文武百官也赶到了。在群臣的簇拥下，唐昭宗来到长乐门楼，正式宣告复位。

紧接着，刘季述、王彦范也被周承诲擒来。支持唐昭宗的士兵们对这二人自然是切齿痛恨。还没等唐昭宗问罪，二人就被士兵一顿乱棍打死。薛齐偓听说宫内的变故，吓得干脆投井自杀。至于其他党从刘季述的二十余名宦官也纷纷伏法。太子既然是被宦官胁迫，也就没必要过多追究，只是降为德王，令其仍回东宫居住。不久，囚禁在汴州的刘希度、李奉本等人也被收到消息的朱温押送回长安，随即被处死。

死里逃生，重登大宝的唐昭宗要论功行赏，幕后主使崔胤自然是首功之臣，唐昭宗坚持要封他为司徒，崔胤却坚辞不受，这让唐昭宗对他更为看重，命其辅领朝政，兼领三司诸使，相比起政变之前的权力，有过之而无不及。唐昭宗召见崔胤时，甚至称呼他的字"昌遐"，以示尊重。至于参与此事的神策军三将也均受赐李姓，分别改名为李继昭，李继诲和李彦弼，又都提拔为同平章事，分别领静海、岭南西道和宁远三镇节度使。三人以节度使加宰相衔，被时人称为三使相。

光化四年（公元901年）四月，为了庆祝复位，唐昭宗改元"天复"。然而对于李唐皇室来讲，这不啻于一个笑话，天子虽然复位，但是残唐的政局因这次政变而更加混乱，朝臣与宦官的关系变得更加水火不容，而缓过神来的藩镇也即将把手伸进朝廷。一次新的劫难即将降临。

哀皇帝,很悲哀

天下再也没有能够与朱温抗衡的人了,唐昭宗完全成为朱温手心里任意玩弄的政治傀儡。为了能够就近控制唐昭宗,防止再次出现李茂贞劫持皇帝这样的事情,朱温决定将唐昭宗迁往洛阳。他一面加紧在洛阳修造宫室,一面再次派兵进入长安,半是催促、半是威胁地要求唐昭宗尽快迁都。

虽然唐昭宗满心不情愿,但也无可奈何,只得被迫离开长安,前往洛阳,而长安百姓也被朱温军胁迫,一同迁往洛阳。为了彻底断绝唐昭宗"回銮"的打算以及李茂贞占据长安的野心,朱温拆毁了长安的所有建筑,并将木料投入渭水顺流而下,运到洛阳修建宫室。这座十三朝古都顷刻之间化为废墟,结束了她作为都城绵延数千年的历史。

长安从此不复存在,而大唐帝国也即将走向她的终点。

天复四年(公元904年),唐昭宗在朱温的胁迫下无奈踏上了前往洛阳的旅途。坐在车上的唐昭宗,从窗口望着被迫随行、啼饥号寒的长安百姓,他心中清楚地知道,此一去再也不可能回到长安,这是一条不归之路。尽管沿路的百姓对唐昭宗的到来仍然感到荣幸，跪在道旁山呼万岁，但此情此景只能触动唐昭宗内心的伤痛。面对围观的民众，唐昭宗泪流满面地说道："无须再喊了，朕已经不是你们的天子了。"

话虽如此，但唐昭宗仍然没有放弃最后摆脱朱温控制的努力。当他行至陕州时，便以洛阳宫室尚未完工，多有不便为由，羁留在陕州。之所以这样做，是因为唐昭宗在途中曾经秘密派人向李克用、王建、杨行密等各地藩镇求救，期望他们尽快发兵，勤王护驾。唐昭宗也知道，在路上还有逃脱的希望，在洛阳则无异于进了朱温布下的天罗地网。

唐昭宗想得到的事情，朱温怎么会想不到呢？他见唐昭宗滞留在陕州，便亲自前往陕州觐见，向唐昭宗表示将亲自至洛阳监工，尽快将宫室修建完毕。仅仅过了一个月，朱温便声称皇宫落成，请唐昭宗早日起驾。可是恰巧此时，何皇后产下一子，唐昭宗便以皇后正在休养不便动身为由，请求延迟到十月份动身。此时，各地藩镇已先后接到了唐昭宗的求援，纷纷起兵攻打朱温。

西川节度使王建与向朱温降而复叛的凤翔节度使李茂贞兵合一处，进击朱温，企图夺回唐昭宗；而河东的李克用也在河中部署兵力，从侧翼对朱温虎视眈眈，朱温不得不派兵分头迎击。在这种情况下，朱温自然要尽快将唐昭宗安置在洛阳，彻底断绝各敌对势力的念头，而唐昭宗自然也有坐待援军的打算。因此听到唐昭宗拒绝的消息，朱温甚为恼火，派出部将寇彦卿赶赴陕州，以武力催促唐昭宗动身。唐昭宗见朱温不从，又心生一计，他授意司天监禀告说夜观星象，天子东行不利。然而寇彦卿却干脆杀掉了司天监的官员。

这还有什么办法呢？唐昭宗一行人只得在寇彦卿的威胁下匆匆动身，而唐昭宗的皇子从此也消失于历史的记载中，成为后世一些家族抬高名望的来源。闻听天子驾临，朱温亲自到新安县接驾。不久，唐昭宗在洛阳正式上朝升殿，从此完全成为朱温的傀儡，被其牢牢地控制在手心。

尽管此时的唐昭宗在政治上几乎是孤家寡人，孑然一身，但朱温仍然不放心，还要大开杀戒，赶尽杀绝。之前唐昭宗从长安动身时，还有侍奉唐昭宗日常起居的少年侍从、供奉二百余人一同随行。朱温竟然在一夜之间，将这些人全部勒死，并命早已选好的数目相同、年纪相仿的自己人，换上相同的服饰，侍奉唐昭宗。可怜唐昭宗过了多天才惊觉自己周围已经遍布朱温的耳目，从此动弹不得，只有每日在后宫与皇后嫔妃喝酒取乐——其实，就是苟延残喘，等死而已。

饶是如此，朱温还是对唐昭宗加着十二万分的小心，唯恐一时不慎，落得个像崔胤和刘季述那样的下场。唐昭宗曾经在宫内设下酒宴，请朱温饮酒，可笑朱温戎马半生，历经多少腥风血雨，却担心唐昭宗设下圈套谋杀自己，于是以不胜酒力为由，拒绝前往；唐昭宗只好又请朱温手下的第一谋士敬翔赴宴，朱温同样拒绝。由此可见朱温戒备森严之一斑。

其实，唐昭宗周围都是朱温的人，上哪儿去找人行刺呢？此时的朝堂，已完全由朱温说了算。大小官员，皆出于朱温的任命，几乎都是其亲信手下，蒋玄晖担任了宣徽南院使兼枢密使，王殷担任了宣徽北院使兼皇城使，韦震担任了河南尹兼六军诸卫副使，张廷范担任了金吾卫将军，朱友恭和氏叔琮则分别担任左右龙武统军。

至于朱温自己早就高居梁王之位，一人之下，万人之上，此时的他，看唐昭宗实在是有些碍眼了。

与此同时，各个藩镇再次掀起了反对朱温，匡复唐室的浪潮。李茂贞、王建、李克用、刘仁恭、杨行密、杨崇本、赵匡凝等人频频书信往来，结成同盟，并先后发布檄文，号召天下藩镇讨伐朱温——平心而论，这些藩镇也并非真心想要重建唐昭宗的权威，充其量也只是一种争权夺势的手段罢了。尽管如此，朱温还是不得不打起精神应付眼前的战争，于是他离开洛阳回到汴州，打算亲自带兵出征。为了彻底打消其他藩镇的念想，朱温决定将唐昭宗斩草除根。

其实，朱温之所以要杀掉唐昭宗，还有另外一个原因：原来，唐昭宗的长子，也就是在刘季述发动政变时一度登上皇位的德王李裕，年纪渐长，且生得一表人才。朱温担心唐昭宗主动将皇位传给太子，不好控制，因此对德王十分厌恶，早在长安时便以其曾经在刘季述之乱中"擅自"继位为由，撺掇崔胤向唐昭宗建议处死德王。

为此，唐昭宗对朱温十分愤恨，常常在宫中念叨此事，担忧德王的安危。谁料这事被蒋玄晖报知了朱温，朱温得知此事，担心唐昭宗有所动作，终于下定了杀害唐昭宗的决心。他派李振回到洛阳，秘密与蒋玄晖、朱友恭、氏叔琮等人商量行动事宜。

公元904年八月十一日的深夜，喝得大醉的唐昭宗在椒殿院中早早就寝。突然，急促的敲门声在宫门外响起，声称有紧急军情须面见皇帝裁决。河东夫人裴贞一闻声打开宫门，看到的却是全副武装的士兵杀气腾腾劈下的一刀。原来，正是蒋玄晖、朱友恭、氏叔琮带兵闯入内宫，打算谋杀唐昭宗。

睡得正熟的唐昭宗被宫人的惨叫声惊醒,知道事情不妙,慌忙起身,穿着睡衣就想逃命——哪里逃得掉呢?昭仪李渐荣见皇帝有难,扑在皇帝身上,哀求蒋玄晖放过唐昭宗,结果二人一起被杀,只有苦苦哀求的何皇后逃过一劫。

第二天,蒋玄晖声称李渐荣、裴贞一谋害皇帝,已被处死。接着按照朱温的命令,在唐昭宗的九个儿子中挑选年纪仅有十三岁的辉王李柷继位,是为唐朝的最后一位皇帝——唐哀帝,改元天祐。

朱温不愧是一代枭雄,他得知此事后,虽然心中窃喜,却佯装大惊,倒在地上一边痛哭流涕,一边嚷嚷朱友恭等人让他背负弑主的恶名。为了堵住天下悠悠之口,朱温随即赶回洛阳,假惺惺地为唐昭宗服丧,又将朱友恭、氏叔琮两人罢官贬职,明正典刑。可怜二人为朱温卖命一生,最终却为朱温背了黑锅。临死前,朱友恭愤愤不平,大呼道:"卖我以塞天下之谤,如鬼神何?行事如此,望有后乎?"

然而,诅咒已经不能阻止此时的朱温了。第二年,为唐昭宗下葬时,朱温为了斩草除根,又凶残地命蒋玄晖将唐昭宗剩余的皇子灌醉后全部杀死,将尸体投于水中。

宦官死了,朝臣死了,唐昭宗也死了,就连李唐皇族也了无子遗,只剩下一个懵懵懂懂的小皇帝。朱温已经可以随心所欲地按照他的意愿操纵朝政,一步步向九五之尊的宝座前进。唐哀帝即位不久,就将已经贵为梁王的朱温加封为魏王,又拜为宰相,统摄文武百官,此外,朱温还兼任了一大堆的职务,什么太尉、中书令、各道兵马元帅,以及宣义、天平、护国等藩镇的节度观察处置,而且还有"入朝不趋,剑履上殿,赞拜不名,兼备九锡"之命。就像历朝历代的权臣篡位一般，朱温的野心已经是昭然若揭了。

不久之后，在朱温的授意下，唐哀帝又改了一大堆的地名，将成德军改称武顺军，藁城、信都、栾城、阜城、临城几个县分别被改为藁平县、尧都县、栾氏县、汉阜县、房子县。之所以搞得这么烦琐，是因为朱温的祖父叫朱信，而父亲叫朱诚，地名需要避讳。为祖上避讳，这可是只有皇帝才能享受的待遇，由此可以看到，朱温已经等不及要称帝了。

可怜的唐哀帝根本就是个摆设，他甚至没有一件事儿能够自主决定。本来，唐哀帝打算将其乳母杨氏封为昭仪，王氏封为郡夫人，却被宰相柳璨以一通大道理否决；后来，唐哀帝又打算举行祭天仪式，可朱温认为此举是要延长大唐国祚，甚为不满，结果此事也不了了之。

唐帝国的灭亡已经进入了倒计时，接下来就看朱温要如何为其坟墓上填上最后一抔土了。

帝国日落

随着唐昭宗的死和唐哀帝的继位，明眼人都看得出来，处在风雨飘摇中的唐帝国已经难逃灭亡的命运，然而，大权在握的朱温还没有收起他的屠刀，他还需要更多的鲜血为自己的新王朝献祭。

早在朱温击败李茂贞，将唐昭宗夺回长安时，由于宦官势力已经被消灭，曾经和朱温结为同盟，在其中发挥重要作用的朝臣集团就已经失去了作用，反过来变成了朱温篡位路上的一块绊脚石。因此，朱温便开始有计划地清除朝臣。在唐昭宗在位时，他还不敢明目张胆地公开杀人，而是借助崔胤等人深文周纳，罗织罪名，清除政敌。如今昭宗已死，小皇帝不过是自己的政治傀儡，朱温可以放心大胆地在光天化日之下消灭异己了。

天祐二年（公元905年）五月七日，夜间忽现彗星，这一"不吉之兆"无疑让已经摇摇欲坠的唐帝国更加人心惶惶。"可怜夜半虚前席，不问苍生问鬼神"，不知如何是好的唐哀帝只得求助于阴阳鬼神之道。司天监占卜的结果，自然显示大凶，却需要杀一批人以消灾免祸。

这时候，朱温的第二号谋士李振又发话了。在朱温为是否要西进长安解救昭宗而犯难时，此人曾经发挥了重要的作用，后来又为朱温多次献计献策，因而甚得朱温信赖。虽然李振也算是个舞文弄墨的读书人，但他和朝中那些或是名门望族之后，或是进士明经出身的大臣们不一样。他虽然是潞州节度使李抱真的曾孙，也算出身于名门，但这位节度使大人出自昭武九姓的胡人，原本是安姓，因此李振算不得士族之后；此外，李振年轻时曾经在咸通、乾符年间多次参加科举考试却都名落孙山，他不反思自己的学问是否够好，却偏执地认为是主考官歧视他。凡此种种，都让李振对朝中文臣十分仇视，处处和他们为仇作对。而李振也因此名声不佳，得了个"猫头鹰"的外号。

当李振得知司天监的建议后，他顿时生出了一个恶毒的主意。他对朱温表示，残唐朝廷之所以混乱无能，都是被所谓衣冠士族败坏的，这批人自恃门第高贵，又精通学问，绝对不会为新朝廷所用，不如趁此机会斩草除根。

这番话深深地说到了朱温心坎里。作为一个出身草莽的赳赳武夫，朱温其实对读书人有着天生的轻视和厌恶。据说，朱温有一次行军，在一棵柳树下休息，忽然自言自语道："好大的柳树，可以做车毂。"同在树下休息的几个书生模样的人便顺口附和他。谁知朱温突然翻脸，勃然大怒道："你们这些书生，就会顺口胡说八道。做车毂要用夹榆，怎么能用柳木？"说完，居然命手下将这几个人活活打死。朱温对书生的残酷，由此可见一斑。

如此一来，朱温自然对李振的建议十分赞同。于是在朱温的示意下，唐哀帝将朝中的左仆射裴枢、右仆射崔远、吏部尚书陆扆、工部尚书王溥、守太保致仕赵崇、兵部侍郎王赞等一批官员共三十余人统统贬职，流放到外地。当他们经过滑州白马县的白马驿时，朱温又下起毒手，将其统统杀害。

行刑前，李振又建议朱温，这帮人平常骄傲得不得，自称为"清流"，不如把他们投入黄河，以后他们就是浊流，永世不得翻身。朱温狞笑着接受了他的建议，于是这些人的尸首都被投入了黄河，从此杳无踪影。

这场史称"白马之祸"的大屠杀从某种意义上来说宣告了唐朝的灭亡，只剩下一个光杆司令——唐哀帝，已经实在不足以被称为一个政府了。不仅如此，"白马之祸"给后世也造成了深远的影响：自汉魏以来逐渐崛起，在六朝时臻于极致，影响中国数百年的门阀贵族从此彻底烟消云散，旧时王谢堂前燕再也难寻踪迹。

"白马之祸"过后，朝堂几乎空无一人。为了装点门面，朱温又起用了一批在昭宗时不得志的士人，并强迫各地名士入朝为官。可在此乱世，稍有见识的人大多闭门不出，唯恐惹祸上身，谁会自投罗网呢？朱温新提拔的宰相杨涉，在得知升官的"喜讯"后，居然吓得大哭起来，并对儿子杨凝式说，世道崩坏，身陷罗网，真怕有朝一日连累你们啊。于是响应者寥寥，朝堂之上，好不冷清。

不过朱温已经不在乎这个了。他已经迫不及待地想要登基做皇帝，尝尝当天子的滋味了。于是，他命令宰相柳璨和枢密使蒋玄晖策划唐哀帝禅位的有关事宜。柳璨和蒋玄晖经过仔细研究，拿出了一套按部就班、循序渐进、堪称"正统"的篡位程序。按照两人的想法，根据魏晋以来的传统，首先要裂土封王，然后再加九锡之礼，最后才能禅位。而且考虑到各个藩镇对朱温虎视眈眈，贸然称帝很可能激化矛盾，引发战争，因此建议朱温不要轻举妄动，应该缓缓图之。

柳璨和蒋玄晖自以为这个计划完美无缺，于是便怂恿唐哀帝任命朱温为相国，统摄朝政，又封为魏王，并划出二十一道作为封国，并赐予九锡，等等。谁知道这个建议却大大地触怒了朱温，对读书人不屑一顾的朱温怎么可能看得上那一套繁文缛节呢？他所要的只是结果而已。于是面对唐哀帝的封赏，朱温竟然怒不受命，经过多方劝说才勉强接受。

柳璨和蒋玄晖恐怕做梦也没想到，经过此事，朱温对他们俩产生了怀疑，认为他们是为了拖延朱温登基称帝，好与其他藩镇勾结，匡扶皇室。见此情况，素与此二人不和的宣徽副使王殷、赵殷衡趁机向朱温密奏，说柳璨和蒋玄晖以及太常卿张廷范忠于唐室，密谋恢复唐朝，蒋玄晖还与何太后有染。

朱温闻言自然大怒，于是立刻将二人先后处死，并给了蒋玄晖一个不伦不类的称号"凶逆百姓"；太后也未能幸免，在宫中被杀死，并被废为庶人。柳璨临刑前，大呼道："负国贼柳璨，死其宜矣！"一副人之将死其言也善的样子。其实唐之覆亡，并不能怪罪于柳璨等人，他们只是这场注定发生的悲剧中的悲剧角色而已。

不过，此后朱温并没有忙着从早就做好禅位准备的唐哀帝手中接过皇位。因为此时战争再次爆发，朱温亲自出兵攻打幽州刺史刘仁恭。刘仁恭在朱温的持续进攻下疲于招架，只得向李克用求援。李克用随即出兵进攻朱温的侧翼潞州。原本镇守潞州的是朱温的爱将丁会，但当丁会得知朱温弑唐昭宗企图篡位的恶行后，对其大失所望，便趁李克用出兵之际向其投降。朱温的老巢汴州一带顿时门户大开。正在全力进攻沧州的朱温只得退兵。

这场波折虽然让唐哀帝在帝位上多坐了一阵，但也没有持续太长时间。吃了败仗的朱温为了安定人心，提振士气，终于决定正式称帝。天祐四年（公元907年）正月，回到汴州的朱温趁薛贻矩前来慰劳之时，让他向唐哀帝传达了禅位的意愿。此话一出，小皇帝怎敢不从？于是在宰相张文蔚的率领之下，百官纷纷劝进，一些支持朱温的藩镇也先后上表。

虽然满心欢喜，但朱温还是假意推辞了几番，先演了一番周公吐哺天下归心的戏。接着便堂而皇之地在汴州早就建好的宫殿内，接受了百官的朝贺。四月十八日，朱温正式举行了禅位仪式，定国号为大梁，改汴州为开封府，定为国都，改元开平，并大赦天下。唐哀帝则被封为济阴王，被囚禁于曹州。第二年，年仅十七岁的末代唐皇也被朱温斩草除根。

从武德元年（公元618年）唐高祖李渊登基，到天祐四年（公元907）唐哀帝李柷禅位，立国二百八十九年，历经二十一帝的唐朝至此覆亡。从此，中国再次进入了一个四分五裂、征战不休的战乱时期——五代十国。